清瞿氏恬裕齋鈔本春秋穀梁疏

唐 楊士勛撰

中國國家圖書館藏清咸豐七年瞿氏恬裕齋鈔本（清季錫疇跋，原闕卷一至五）

山東人民出版社・濟南

圖書在版編目（CIP）數據

清瞿氏恬裕齋鈔本春秋穀梁疏 /（唐）楊士勛撰 .— 濟南：山東人民出版社，2024.3
（儒典）
ISBN 978-7-209-14338-7

Ⅰ.①清… Ⅱ.①楊… Ⅲ.①《穀梁傳》-注釋 Ⅳ.① K225.04

中國國家版本館 CIP 數據核字（2024）第 036418 號

項目統籌：胡長青
責任編輯：呂士遠
裝幀設計：武　斌
項目完成：文化藝術編輯室

清瞿氏恬裕齋鈔本春秋穀梁疏
〔唐〕楊士勛撰

主管單位　山東出版傳媒股份有限公司
出版發行　山東人民出版社
出 版 人　胡長青
社　　址　濟南市市中區舜耕路517號
郵　　編　250003
電　　話　總編室（0531）82098914
　　　　　市場部（0531）82098027
網　　址　http://www.sd-book.com.cn
印　　裝　山東華立印務有限公司
經　　銷　新華書店

規　　格　16開（160mm×240mm）
印　　張　13.75
字　　數　110千字
版　　次　2024年3月第1版
印　　次　2024年3月第1次
ISBN　978-7-209-14338-7
定　　價　33.00圓

《儒典》選刊工作團隊

學術顧問　杜澤遜　李振聚　徐　泳

項目統籌　胡長青

責任編輯　劉　晨　劉嬌嬌　張艷艷

呂士遠　趙　菲　劉一星

前言

中國是一個文明古國、文化大國，中華文化源遠流長，博大精深。在中國歷史上影響較大的是孔子創立的儒家思想，因此整理儒家經典、注解儒家經典，爲儒家經典的現代化闡釋提供权威、典范、精粹的典籍文本，是推進中華優秀傳統文化創造性轉化、創新性發展的奠基性工作和重要任務。

中國經學史是中國學術史的核心，歷史上創造的文本方面和經解方面的輝煌成果，大量失傳了。西漢是經學的第一個興盛期，除了當時非主流的《詩經》毛傳以外，其他經師的注釋後來全部失傳了。東漢的經解祇有鄭玄、何休等少數人的著作留存下來，其餘也大都失傳了。南北朝至隋朝興盛的義疏之學，其成果僅有皇侃《論語疏》幸存於日本。五代時期精心校刻的《九經》、北宋時期國子監重刻的《九經》以及校刻的單疏本，也全部失傳。南宋國子監刻的單疏本，我國僅存《周易正義》、《爾雅疏》、《春秋公羊疏》（三十卷殘存七卷）、《春秋穀梁疏》（十二卷殘存七卷），日本保存了《尚書正義》、《毛詩正義》、《禮記正義》（七十卷殘存八卷）、《周禮疏》（日本傳抄本）、《春秋公羊疏》（日本傳抄本）、《春秋正義》（日本傳抄本）。南宋兩浙東路茶鹽司刻八行本，我國保存下來的有《周禮疏》、《禮記正義》、《春秋左傳正義》（紹興府刻）、《論語注疏解經》（二十卷殘存十卷）、《孟子注疏解經》（存臺北『故宮』），日本保存有《周易注疏》《尚書正義》（凡兩部，其中一部被清楊守敬購歸）。南宋福建刻十行本，我國僅存《春秋穀梁注疏》、《春秋左傳注疏》（六十卷，一半在大陸，一半在臺灣），日本保存有《毛詩注疏》《春秋左傳注疏》。從這些情況可以看出，經書代表性的早期注釋和早期版本國內失傳嚴重，有的僅保存在東鄰日本。

鑒於這樣的現實，一百多年來我國學術界、出版界努力搜集影印了多種珍貴版本，但是在系統性、全面性和準確性方面都還存在一定的差距。例如唐代開成石經共十二部經典，石碑在明代嘉靖年間地震中受到損害，明代萬曆初年西安府學等學校師生曾把損失的文字補刻在另外的小石上，立於唐碑之旁。近年影印出版唐石經拓本多次，都是以唐代石刻與明代補刻割裂配補的裱本爲底本。由於明代補刻采用的是唐碑的字形，這種配補本難以區分唐刻與明代補刻，不便使用，亟需單獨影印唐碑拓本。

爲把幸存於世的、具有代表性的早期經解成果以及早期經典文本收集起來，系統地影印出版，我們規劃了《儒典》編纂出版項目。

《儒典》出版後受到文化學術界廣泛關注和好評，爲了滿足廣大讀者的需求，現陸續出版平裝單行本。共收録一百十一種元典，共計三百九十七册，收録底本大體可分爲八個系列：經注本（以開成石經、宋刊本爲主。開成石經僅有經文，無注，但它是用經注本删去注文形成的）、經注附釋文本、纂圖互注本、單疏本、八行本、十行本、宋元人經注系列、明清人經注系列。

《儒典》是王志民、杜澤遜先生主編的。本次出版單行本，特請杜澤遜、李振聚、徐泳先生幫助酌定選目。特此説明。

二〇二四年二月二十八日

目録

春秋穀梁疏　殘宋本　一冊

春秋穀梁疏卷第六

唐國子四門助教楊　士勛　撰

魯世家文公名興僖公之子謚法慈惠愛民曰文　元年　注諸侯至達也　范云傳例者非正例推以知之定十四年傳曰天子之大夫不名隱七年凡伯來聘傳曰凡伯者何也天子之大夫也又九年南季來聘傳曰南氏姓也季字也是天子之大夫稱字據傳文可知故亦得云傳例也傳重天子之禮也五年毛伯來會葬會葬之礼於鄙上此叔服來會葬云其志重天子之禮也者旧解以為叔服在葬前至先鄉魯國然後赴葬所毛伯以喪服發後始來先之竟上然始至魯国故傳釋有異辭也或當此釋書之所云

故云重天子之禮也彼解會葬之故云於鄗上二者互
言之未必由先後至理亦通也　傳甍稱至加之矣
重發傳者桓不以禮終僖則好卒二者既異故傳詳之
傳禮有至正也　重發傳者桓則甍後見錫此則即位
見錫嫌其得正故傳發之　注內卿至諸侯　大夫
可以會葬諸侯者下二年傳文不於此發例者伯者至
尊大夫不可以會葬春秋內故无譏文以失禮深傳不
得會至於二年垂斂之會則是凡常諸侯禮雖不
故發內大夫可以會外諸侯之例

與不日

年

以為讖則此作亦讖可知
也案莊公之喪已二十二月
作主猶是凶服而曰吉主者
未合全吉故子遂有納幣之譏莊公喪制未二十五月
而禘祭故譏其為吉此言吉者比之虞主故為吉也此
雖為練作之主終入廟以辨昭穆故傳以吉言之然作主
在十三月壞廟在三年喪終而傳連言之者此主終入廟入廟
即易檐其事相繼故連言之非謂作　也或
以為練而作主之時則易檐改塗故此傳云
於傳文雖順舊說不然故不從之直記異聞耳麋信引
衛次仲云宗廟主皆用栗右主八寸左主七寸廣厚三
寸若祭訖則納於西壁埳中去地一尺六寸右主謂父

也左主謂毋也何休徐邈並與范注同云天子尺二寸諸侯
一尺狀正方穿中央達四方是與鄭氏異也其藏之也白
虎通亦云藏之西壁則納之西壁中或如衛說去地高下
則無文以明之何休又云謂之虞者親喪已入壙皇皇無
所見求而虞事之虞猶安也虞主周桑者桑猶喪也取其
名與其麤觕所以副孝子之心練主用栗者謂之既埋
虞主於兩閒之閒易用栗木為主取其戰栗故用栗
木為主又引士虞記曰桑主不聞吉主皆刻而謚之蓋
為禘時別昭穆也徐邈注谷梁尽與之同范亦當不異
也　注晉大云云　經不言陽註知之以下有晉殺
其大夫陽處故父也
傳決不言公者據隱公八年　于

包來言公也彼傳云可言公及人　　　　夫故此沒
公彼存公也莊二十二年　　　　　　　公
高傒伉也彼已有傳此又重發
嫌異故重發之傳不與高傒發日明公存者　理同
此又須辨公不言者意也故就此亦發之彼注云書日則
公盟也是亦意同之事也傳又云出不書反不致也者以
致者必有出出者不必致今出既不書故反亦不致也
傳歷時至憂雨也　傳發之者以僖公憂民之情急故備
書之今文公繼文之業無志於民故畧書之以二者既異
故傳分而別之莊三十一年冬不雨不發傳者以一時不
雨輕故也下十年十三年意亦與此同故省文不發之注
大事自至明旧解范云其識自明者謂吉禘於莊公書吉

此大事於太廟不書吉以同未滿三年前已書吉則此亦同
譏故云其譏自明此解取杜預之意也然杜云其譏已明
故得以吉禘並之范云其譏自明焉知遠比吉禘蓋范意
以喪已制終末不待譏責其惡足显故云自明也禘祫之礼
俱在廟序昭穆所以為制意異者公羊傳称五年再殷祭何
休云謂三年祫五年禘禘所以異於祫者禘則公臣皆祭
也祫則合食於大祖而已是何休意祫則三年禘則五年
也范於二年閔注同杜預以禘為三年之祭必不得與何
休同也公羊云五年再殷祭禘既三年蓋則祫五年也若
然祫在五年而云三年之喪未終者
祫祭故以三年言之不謂祫祭
祫
同三年但禘在夏祫在秋直時異
妨但與公

羊五年再殷祭為也何休又云天　諸侯禘則
不礿祫則不嘗大夫有賜於君　後　禘則
不礿或如何說云大夫有祫恐其不然　事
于大廟為祫祭杜解左氏以大事為禘與谷梁　傳大
事至義也
大是事也者祫是祭之大者故云大是事也著祫嘗者謂
之大事言之著明是祫嘗之祭也嘗連言者祫必在秋故
連嘗言之然周之八月夏之六月夏而云著祫嘗者蓋月却
節前已得立秋之節故也先親而後祖親謂僖公祖謂閔
公也僖繼閔而立猶子之繼父故傳以昭穆祖父為喻此
於傳文不失而范氏為莊公為祖非也非也何者若范云
文公傎倒祖考則是僖公在於莊上謂之虎猶自不然況

乎有道之邦豈其若是明范說非也則无天也謂天道先
尊而後親今乱其上下不仰法天也此春秋之義也者以
嫌疑之際須取聖證故也　三年
傳何以卒之　重發之者尹氏則以為魯主此為會葬事
異故重發之　傳外災不至志重發之者志災或為王者之
後或為甚而録之故不得一例危之
注茨蒺蔾　徐邈云禾稼既盡又食屋之茅茨今范云蒺茨
蔾則與徐異也公羊与考異郵皆云螽死而墜於地故何
休云螽猶衆也死而墜者象宗群臣相殘害也云云上下
異之云爾今谷梁直云茅茨盡矣著於　雨
與讖違是為短鄭　云谷梁意亦以宋薄德後將有禍故
螽飛在上墜地而死言茅茨盡者　於讖何錯之

有乎是鄭意以雨螽於宋亦為禍　四年　傳其
曰婦至貶也　宣元年已有傳今復發之　此直
云婦姜嫌文異也故彼此明之然彼稱夫人　不
然者公羊傳曰其謂之逆婦姜於齊何娶乎大夫者畧之
也徐邈亦以為不書至不稱夫人下娶賤畧之若以於諸侯
下娶大夫使為略賤則大夫亦不得上娶諸侯且天子得
下婚諸侯何為諸侯不得下娶大夫是公羊之言不可以
辭此也蓋不称夫人不言至者以其婦禮成於齊故異於
余称傳云夫人與有貶者也辭不稱氏之意非釋不称夫
人也　五年　注含口実也云云　飯用米貝不忍虛也
禮記檀弓文諸侯含用玉礼縟文也　注礼含至異人
知各異人者雜記称諸侯之喪有賵者有含者有襚者當

各異使也注已殯至其礼　旧解以為傳与雜記違者傳
言含賵上聞天子之於諸侯及夫人耳雜記所云唯論諸
侯自相於不是天子施於諸侯之事故彼既殯猶致含此
責其晚也何者諸侯及夫人於天子生有朝覲之好有疾
則當告於天子天子遣使問之有喪則致含無則止矣故
未殯以来足以及事令天子賵大早歸含大晚故譏之其
諸侯相於有疾未必相告比殯以来道遠者容其不至故
示其礼而已不責其晚也以事既有殊譏亦有異今恐不
然何者范云国有遠近皆令及事理不通也則是傳之不
通故引記文為證何得天子与諸侯礼異　又
云明君之臣云云者證君之与　有賵　皆用
也案鄭釋廢疾云天子於二王後　先謚次之賵

次之余諸侯含之賵之小君亦如之於諸侯之臣襚之賵
之其諸侯相於如天子於二王　後於　天子於
諸侯於士如天子於諸侯之臣　室无事
三月乃含故不言来以譏之是鄭意亦以譏王含晚也范
前注引鄭釋似將傳為是後注取彼記文則以傳非者范
以何休取秦人來歸僖公成風之襚為難非類故上注取
鄭釋以排之下注既傳為非故引雜記之攷文為證二注並
不取鄭君非王含晚之說亦益明范以傳為　毛伯來益
會葬釋曰左氏公羊及徐邈本疾益云召伯此本作毛伯疑
誤也六年　注行父云云　世本季友生仲无佚佚生行
父是也　傳襄公已葬　徐邈解襄公已葬謂春秋之例
君殺无罪之大夫則是失德不合書葬今襄公書葬則是

無罪而以累上之辭言之者以襄公漏泄陽處父之言故
也舊解亦云襄公罪輕故不追去葬文今以為傳云襄公
已葬者謂卒哭日久葬在前赦在後是罪累不合及君故
起累上之問非是釋合書葬以否　注親殺至以殺　兩
下相殺不至志乎春秋今雖是射姑之殺罪君漏言故稱國
以殺　注禮天子至朝之　周禮大史班告朔于邦國鄭
玄云天子班朔於諸侯諸侯藏之祖廟至朔日朝於廟告
而受行之論語云子貢欲去告朔之餼羊是告朔用特羊告
告廟鄭云祖廟范言禰廟者以无正文各以意說或祖或
禰通言之耳休何亦云藏於祖廟使大夫　命君
北面而受之是亦受政之事也　告朔　視此月
之政故謂之視朔謂之聽朔也其　孝子緣生以

事死因告朔在廟故感月始而亦　宗廟故亦謂朝享
其歲首為之朝正也據王藻及祭法之文則天子聽朔於
明堂朝享自祖考以下五廟諸侯則聽朔於　自
皇考以下三廟也公羊傳稱閏門曷月為不告朔天無是
月也閏月也何以謂之天无是月非常月也此傳云閏月
者附月之余日也天子不以告朔而喪事不數　公羊穀梁
皆以為閏月不合告朔左氏傳云不告閏朔棄時政也何以
為明民主則閏月當告朔與二傳異也案哀公五年閏月葬
齊景公公羊傳意以為并閏此傳云喪事不數也者閏月
不告朔二傳雖同其於喪事數與不數其意又異也范氏
別例云書不告朔有三皆所以示譏耳則此文一也公四不
視朔二也襄廿九年正公在楚三也公既在楚則是不告

朔故亦以為一注又云不敢泄鬼神解生則朝朝暮夕死
則每月始朝之意也　注一歲至此月　古今為歷者皆
云周天有三百六十五度四分度之一日之行天一日一
度（夜）行一度故謂一度為五（一）日一歲十二月唯有三百六十
日是余五日四分日之一也又月一大一小則一年之間
又有六日并言之則一歲有十二日故積五歲得六十日
此皆大率而言其實一年不得有十二日范不如曆法細
計之故云五歲得六十日也猶之至已也釋曰重發傳者
前為三望（發）此是朝廟嫌異故重明之范例猶有五發等發
傳者僖（三）三十一年猶三望獨發傳者據始　不發
傳者從例也成七年亦不發傳者亦為　也此年
發傳者朝與三望異也宣八年發傳者嫌仲遂有罪得不

廢禮又繹祭與朝廟禮異成故也　七年　不正至日之也
釋曰哀元年冬仲孫何忌師師　邾二年春王二月季孫斯
云云帥師伐邾取漷東田及沂西田彼此(比)年伐邾而取兩
邑經不書日今僖之與文父子異人特言謹而日之者以
文公是不肖之君緩主逆視取邑致討不得序列於諸侯
譏其過而不改故錄日以見惡僖雖伐邾才始一度又是作
頌賢君故與文異也　因伐邾之師宋人殺其大夫
釋曰公羊以為三世內娶使若无夫(大)夫故不書名左氏以
為無罪故不書名今此傳直云稱人以殺誅有罪也則謂
此被殺者為有罪故稱人以殺仍未解不稱名所由案僖
公二十五年宋殺其大夫傳曰其不稱名姓以其所在祖之
位尊之也此傳云誅有罪也又經稱宋人則與彼異蓋成

公王臣新卒昭公杵臼未即位國內无君故不稱名氏從未命大夫例故八年鄭釋廢疾亦以此為无君若然兩下相殺春秋不書又不得言其此書殺大夫而云无君者以受命於嗣天子是以言其孤未畢喪故无名氏八年春司馬官也者彼雖實題君而不重介牙无君人之度故經書司馬傳以无君釋之鄭玄云亦為上下俱失罪臣以權寵逼君故稱人以殺君以非理殺臣故著言司馬不稱名者以其世在祖之位尊亦與僖二十五年宋殺其大夫同是其說也　注諱使若云云　舊說使扈之盟都不可者也謂後十五年亦不序諸侯探解下文故云都也今為范解諸侯不序之意魯諱其不與故揔言諸侯佀若扈之盟之諸侯都不可知非是探解下文始稱都也　傳莅位也

重發傳者以徐伐莒而往莅盟𡡉非兩國交盟之例故盟
之也　八年公子遂　再稱公子者若下文直言遂恐
為繼事之辭兩名不辨故重言公子以詳之傳謹而日之
也　襄二十三年冬十月乙亥臧孫紇出奔邾傳曰其日
正臧孫紇之出也范云正其有罪彼云正其有罪則此亦
正其有罪兩處發傳者此其如非如其復非復臧孫則實
奔𡡉其意異故舉二者以包其餘成十六年冬十月乙亥
叔孫僑如出奔齊亦同此例故不復發之若然僑如亦是有
罪書日亦以包之於彼注引徐邈云禮大夫去君埽其宗
廟不絶其祀雖出奔而君遇之不失正故詳而日之明有
恩義也與此異者書日之義有二種之意也一為正罪二
為蕉君恩知者以閔二年公子慶父出奔莒文承九月之

下而不書日傳稱慶父不復見矣明罪重合誅故去日以見恩絕則書日者有恩可知以此推之歸父公子慭不書之從例可知也然歸父有罪非成公逐之者歸父殺嫡立庶宜出不長魯人逐之實得其罪但惡成公逐父之使聃不言歸父无罪也　傳來奔至接我也重發傳者嫌奔殺異也未奔不言出發傳於此者以是來之奔始故發之子哀不發者從此例可知　九年　注在喪尤甚　求賻亦在喪不言亦甚者在喪有賻无金故求賻比求金為輕求車不在喪又以可求賻故傳云求車猶可覬云在喪求金尤甚　傳令大至言之也　不發於桓九年者内之如京師始於此故發之於季姜羌非魯女故彼處不發雖略不發傳亦同圄此可知也　傳天子云云　重發傳者桓王七年

始葬襄王則七年而葬嫌異故重發之也　注王室至會
葬　魯不會葬則无由得書而云王室微弱諸侯无復往
會葬者天子志崩不志葬而又書曰是不葬之辭故知諸
侯復往會葬也其實魯卿往會葬始書若不會則不當書
故春秋之世有十二王志崩者九者書葬者唯五耳良由
王室不赴諸侯不會故也志崩有九者平王桓王惠王襄
王匡王簡王芝王靈王景王是也書葬者五者桓王襄王
匡王簡王景王是也其莊王僖王頃王三者不志崩為不
赴故也然則天子不合書葬魯史書之者欲見周室之衰
不得備禮而葬因遣使往會則錄之若不遣使則葬不明
故不錄也傳稱不志葬者據治平之日正法言之也　注
夫人至之過　范氏例云夫人行有十二例時此致而書

月者盖以非禮而至故書月以刺之余不書月者當條皆
條皆有義耳夫人行十二者文姜七如齊再如莒是九也
夫人姜氏會齊侯於陽谷十也夫人姜氏會齊侯於卞十
廿一也并數此夫人姜氏是十二也徐邈云畢以尊致者
文公娶齊大夫女為妻故逆姜氏不稱夫人令致以夫人禮
與逆自違故疾公也范云夫人行例不致乃以君禮致刺
公寵之過則與徐異也　癸酉地震　范例云地震五例
日故此亦日也何休徐邈云並由公子遂陰為陽行專政之
所致令范引谷梁說曰大臣盛將動有所變則與二說同
理亦無妨　傳楚無至之也既褒之而書名所以不稱氏
者公羊傳云許夷狄者不一而足理或然也　十年　注
楚本云云　國語與楚世家文也　十一年　傳直敗云

云　釋曰公子友於（與）莒拏戰唯二人相敵亦是直敗一人
彼言帥師此不言者季子與莒拏並將軍衆而行之雖決
勝負故（以其）但（俱）言有徒衆故經書帥師令叔孫與魯之衆至（止）敵
一人故但言敗不（言）帥師也　注五丈四尺。春秋考異郵
云兄弟三人各長百尺別之國欲為君何休亦云長百尺
范云五丈四尺者讖緯之書不可悉信以此傳云身横九
畝故知是五丈四尺也杜預注左氏云三丈准約國語仲
尼稱焦僥長三尺大者不過數之十非經正文故范所不
信　注高三尺三寸知者考工記云兵車之廣六尺有六寸
又以廣之半為之軾崇是軾高從上而下去車版三尺三
寸横施一木名之曰軾也　傳曰古至諱也　或以春秋
本自不　經何諱之有谷梁以不重創為諱其理非也

令　然者以長狄兄弟更害中國禍害為深得臣
功於一時而標名於萬代其庸大矣若其不諱何以不書
且晉獲潞子尚書於經魯獲長狄棄而不録詳内畧外之
義豈其然哉知内諱之言為得其實也傳其之云云　釋
曰公羊傳云兄弟三人一者之齊一者之魯一者晉之何
休云三國各欲為君象周衰微義廢魯成就周道之國齊
晉霸者之后此三國為後欲見中國皆為夷狄之行范雖
不從何説理亦无妨　傳未知其云云　之魯者叔孫得
臣殺之之齊者壬子成父殺之謂其之晉者史傳不記未
之殺也姓名是誰也　十二年　傳公之晉姊妹也　傳
稱其曰子叔姬貴之也公之母姊妹也則似稱子以明貴
是其録其卒未必由公之母姊妹上下意乎者上傳云公

之母姊妹觧其稱子所由明貴則書卒賤乃不録也下傳云許嫁以卒之也欲見其雖貴非許嫁不書上下二傳足成非乖也許嫁乃書卒者以其即貴之漸故也徐邈云上傳云子叔姬者杞夫人見出故不言杞下傳云許嫁者言是别女非杞叔姬也理亦足通未知范意然否　注禮二至之禮　先儒多以周禮媒氏三之十男二十之女限以年數故范引譙周以為證下取禮文以為早嫁之驗或以賢淑者若文王之取大姒是也若以方類者左傳稱鄭世子忽齊云大非吾偶也是此又士大夫之禮者謂喪服所言多陳士大夫之禮猶不待明二十諸侯以上早取禮在不疑也案尚書金縢無成王二十而冠故彼鄭注云天子諸侯十二而冠成王此年十五於禮已冠而爵弁者承天變

故降服也今譙周云成王十五而冠著在金縢者●先儒鄭玄之
徒約大戴禮以為文王崩之明年成王始生文王年十五
生武王文王九十七而終則終時武王年八十三矣崩之
明年武王年八十四也武王九十三而終則武王崩時成
王年十歲可知耳周公攝政必在除喪之後是周公初攝
政之時成王十二金縢稱始欲攝政即群叔流言周公居
東二年罪人斯得乘前之年是成王十四年秋始感大風
之變王與大夫盡弁以啟金縢之書是始金縢時成王年
十五又書傳云四年建侯衛則周公復居攝四年作康誥
也又書傳云天子年十八稱孟侯作康誥之時成王稱孟
侯則成王年十八年矣周公居攝四年成王十八年矣自然
啟金縢迎周公之時成王十五故譙周亦以啟金縢之時為

成王年十五尚書特云王與大夫盡弁明則始冠之年故云十五而冠者在金縢也鄭云天子諸侯十二而冠者約左傳魯襄公之年耳更無正王可據故范亦不從傳不言至畧之也　七年戰於令狐　十年秦伐晉此年又戰河曲是敵(數)也傳言［難也］有　凡城之志皆譏令傳云有難則似无譏者傳本有難不是觧譏與不譏直釋其率師之意耳但此城得時又畏莒爭鄆書雖是譏情義通許故傳以有難釋之不言譏之意也　十三年　陳侯朔卒　世本是陳共公也　邾子蘧除卒　左傳是文公也　傳有壞道也高者有崩道下者有壞道既言有壞道而畫之者不修也言魯若繕修之豈有敗壞之理故書以譏不敬(修)也成五(年)梁山崩傳云高者有崩道山有崩道又不可繕修脩之

物而亦書之者刺人君无德而致天灾命山崩河溢怪異之大故亦書之然山高稱崩屋下言壞而序稱禮壞樂崩釋云通言之者以禮樂無高下之殊故知通言之 注爾雅云云 此下注所引並爾雅釋宮之言有東西廂者謂有夾室也傳知周公曰大廟伯禽曰大室群公曰宮者禮記名堂位云季夏六月以禘禮祀周公於大廟哀三年桓宮僖宮災是周公稱大廟群公稱宮此經別言大室明是伯禽廟公羊傳為世室言世世不毀世與大意亦同耳 傳君親割 徐邈云禮記曰君執鸞刀而封牲是也然彼據初殺牲之時非是割牲之事徐言非也 傳還者至畢也〇知自晉是事畢者以其與致文同故知是事畢傳知還者是事未畢者以未至國都而鄭伯會公于斐故知是未畢

春秋上下書還者有四莊八年秋師還傳曰遯也今自晉
為事未畢而言嬀不得如彼例故復發傳宣十八年歸父
還自晉嬀君臣異故復發事未畢之文宣（襄）十九年晉士匄
帥師侵齊聞齊侯卒乃嬀還外內異故亦復發傳云事未
畢也還例有四范別然（例）云三者皆直據內為三不數外臣
故也　十四年齊侯潘有二世家及世本是齊昭公也
傳同外楚也　春秋書同盟非一傳或有釋亦有不釋
就不釋之內辭又不同所以然者莊公之世二幽之盟于
時楚國未彊齊桓初霸直取同尊周室而已故傳云同尊
周也及邵陵首止之從（後）楚不敢與爭褒大齊桓故不復言
同當文公時楚人強盛而中國畏之命同盟詳心外楚不
復直能尊周室而已故傳釋之云同外楚也斷道書同傳

云外楚也則清丘亦是外楚故傳省文也舉斷道以包上下則蟲牢馬陵蒲之與戚柯陵扈打之類亦是省文可知同盟雞澤復發傳者楚人轉盛中國之外彌甚故更發之則戲盟及京城重丘之等亦其義也平丘文重發外楚之之文者平丘以下中國微弱外楚之事盡於平丘從此以後不復能外故發傳以終之也 傳微之也不言貶之者以非專惡之也故傳言微之而已 傳其地於外也釋曰此與公孫嬰齊卒于貍蜃傳皆釋之宣八年仲遂卒于垂而傳不釋者此公孫敖卒于齊之國內故傳釋之曰其地於外也明在他國而卒公孫嬰齊卒在魯境內故傳釋之曰其地未逾竟明非他國也二者既以發傳垂是齊也非是國都又非魯境內在兩端之間故不復歸

傳不以嬖代嬖也　左氏以舍是昭公之子夫人生

而范云舍不宜立有不正之嬖以齊傳云不以嬖而代舍

不正又舍卒不日亦非正之驗傳舍之至君也傳例凡弒

君書日以明正不繫於成君者君會舍是无廣成君亦不合書日

而云未成君者春秋不正見者雖成廣亦得書日齊侯小

白鄭伯突是也今商人是不欲以嬖代嬖　不去奚子則

舍不正之嬖前已著見不正已見例當者書日為未成君固故

不日耳　傳失之也　經言宋子哀傳云失之也者舊解

失之者謂其未達稱子之意案范云言失其不知何人則

不得云失其稱子之意蓋失之者謂雖知子哀是宋知之大

夫但不知何是族姓也　傳叔姬同罪　叔姬既與單伯

同罪而經文異執者單伯是天子命大夫魯人遣送叔姬

未至而與之淫王則闇於取人之術魯則失於遣使之宜故經書不叔姬歸於齊既舉舉齊執之文者使若異罪然所以為諱也明年書齊單伯至自齊亦是諱之之事耳公羊亦不以為言齊人執單伯及子叔姬者內辭使若異罪然左氏則云單伯天子大夫為魯請叔姬非穀梁意也十五年　注泰曰至存善　外大夫來盟書名則是常事而云錄名以存善者華孫檀權專國理合變文今得錄名即是同於常使失常為惡則得常是猶善左氏稱以善公子輩如齊逆女修先君之好故曰公子亦其類也華孫奉使不稱使者以其專故經書以表之傳云无君之辭也既无君无臣故不得使也　傳前定也　重發傳者不稱使嫌異常故也「鼓用牲于社　莊二十五年傳稱鼓禮也鼓既是禮所

以書之者鼓當於朝令用之於社鼓雖得禮用之失處故書也若然後亦鼓之於社而云禮者彼對用牲是爲非禮故云鼓禮也其實用諸鼓亦非其處若得其處經不當書耳　晋郤至入蔡　伐入兩舉者伐而不即入故兩舉之也莊二十八年伐戰兩舉者初伐其音內戰在國都故亦兩舉之也　傳曰鄙遠之也○重發傳者以莊十九年三國伐我令齊人獨來嫌異故重明之　注諸侯至畧之　釋曰舊解公獨不與者謂七年扈之盟公不得與故畧言諸侯此與十七年公雖與會諱前不與故亦畧之其意解公獨不與謂七年時也今以諱爲君公獨不與正謂此年公在不不與故言公會諸侯令此會盟公全不往故直言諸侯盟于扈而已皆所以爲諱也　傳其曰至免也　來歸者是彰罪之稱

而云父母之於子免也者稱子是尊貴之辭雖云來歸以
貴辭言之非是有罪之稱故欲云其免也入其郛公
羊傳云郛者何郭也此不發傳者春秋唯有此事而已非
例所及故畧之也 十六年 注行父至內辭 以行父
失辭之故為齊侯所非外得其所拒內失其志春秋惡〔行〕父
行之失命故得內辭也 注每月至其年 三朝記云周
衰天子不班朔于天下此云班朔者正〔彼〕據周末全不能班
之此時尚或班或不班故下傳云以公為厭政以甚矣范
云天子班朔而公不視是也知是二月不視朔至五月者
以經書五月公四不視朔若從五月以後數之則公〔或〕視或
不視何得預言四不視朔知從二月至五月為四也又云
是後視朔之禮遂廢而經直云公四不視朔者左氏以為

此獨書公四不視朔者以表公實有疾非詐齊也公羊為
此公有疾猶可言无疾則不可言穀梁文雖不明盖役從此
一譏之惡足見其余不復譏也　傳以文至道矣　春秋謂
謂尊親者諱而舉其多失道者仲尼之脩春秋所以示法
有罪皆諱何以見巳其褒貶故桓公殺逆之主罪无遺漏亦
其比也至於書經文不委曲亦是諱則何者文實逆視祀而
云躋僖文從後多不視朔直言四不視朔而已文稱毁泉
台則嫌似其奢太是亦臣子為尊親諱之義也然取二邑
大室屋壞不與扈盟亦是失道注不言之者云云之類足
以包之也公羊以為泉臺者是莊公所築郎臺也左氏與
此傳並不顯言或如公羊之說也　注泰曰至人也　稱
人衆辭莊十七年傳文稱國以弒其君君惡甚矣成十八

年傳文十七年　注言諸至年同　釋曰彼為公不會畧
言諸侯則此亦然也十八年臺下非正也　非正與僖同
發之者僖是小寢此則臺下嫌異故發之　注禮大夫為
卿介　釋曰聘禮卿出於大夫為上介士為末介士也
注子赤至之稱　公羊傳稱君薨稱子某既葬稱子踰年
稱君今子赤文公既葬而云子卒是既葬之稱也　傳惡
宣公也　注并言敬嬴者注意欲明宣公是敬嬴所生是
非惡敬嬴也舊解宣公不使其母奉養氏故言之姜理亦
通也　傳姪娣至緩帶　上文直云姪娣者所以分別尊
卑明夫人須媵妾之意下文揔言緩帶者欲見有子則喜
樂之情均貴賤之意等今宣公為人君不尊貴姜氏亦緩
帶之謂也緩帶者優游之稱也　注若並至惡之　宣以

庶子篡立非關就賢范云宣不能奉養哀姜則是非賢之事
故云非賢之謂也　注傳例至甚矣　釋曰注引傳例者嫌
小國无大夫例不稱臣名明試逆重不從事凡常大夫之例
也解舊稱國者謂惡於國人并霍及卿大夫稱人者謂失心
於民庶也此乃涉於賈逵之説據十六年范注則似不然

春秋穀梁疏卷第六

春秋穀梁疏卷第七

宣公

唐國子四門助楊　士勛

魯世家宣公名倭文公之子子赤庶兄以周匡王五年即位謚法善問周達曰宣　元年　傳繼故至故也　釋曰重發傳者桓君篡成君宣公篡未踰年君嫌異故發之注桓三云云　釋曰引彼傳例者嫌譏喪例不責親迎故引傳例以明之　注夫人至有貶。婚禮速遲由於夫家陽唱陰和固是其禮而責夫人者一禮不被貞女不行夫人譏氏若其不行公得无喪娶之譏夫人无苟從之咎故責之　傳其曰云云　傳重言此者嫌喪取辭略并不明與陳人之婦同也　遂之挈由上致之也　釋曰挈者謂去氏族而直書名徐邈以挈爲舉非也左氏以爲遂不稱公

谷七

子者尊夫人也公羊以為遂不言公子者一事而再見從省文此傳云由上致之是與二傳異也此注云上謂宣公昭公二十四者年至婼至自晉注云上謂宗廟也者釋有二家其一云禮夫人三月始見宗廟遂與僑如之致由君而已故知上為宣公成公婼也婼被執而反理者當告廟故知上謂宗廟也又一釋二者互文也以相通見廟之時君稱臣之名以告宗廟則二者皆當書名故此云宣公彼云宗廟亦是昭公告之可知此宣公亦是告宗廟明矣婼與意如俱為被執而致傳釋有異辭者意如譏公於晉婼則无罪故傳不同也此已發傳僑如又發之者此喪取彼非喪取嫌異故重明之　傳稱國至罪也　范別例云放大夫凡有三晉放胥甲父昭八年楚放公子招二哀三年蔡人放公

孫獵三也此云稱國以放放无罪也則稱蔡人者是放有罪也若然招殺偃師則招亦有罪不稱楚人者以上有楚師滅陳之文故不復出楚人又招有罪自明故不待更稱楚人也　注離會故不致不引傳例者此宣公自應例惡所无嫌疑故也傳内不致齊也　昭二十五年齊侯取鄆傳曰取易辭也哀八年齊人取讙及闡傳曰惡内也所以三傳發不同者内不合言取今言取是違例之間宜在於始魯人不得已而賂之取雖易而我難之故直云授之昭公失國之君終身喜公得邑故以易辭言哀公犯齊陵鄆而伐喪邑易辭之也傳以明惡内之理未顯故特言惡内其實皆是易辭也　傳善救陳也　釋曰何嫌非善而言義者陳近楚屬晉嫌救之非善故傳釋之又救之者為

善所以駁鄭之過也　傳以大之也其襄二年晋師宋師
衛甯殖侵鄭注云不書晋宋之將以揔其伐人之衆彼稱
師言惡晋宋此稱師云大之者稱師之義不在一方言師
雖同善惡有別所謂春秋不嫌同文此之謂也齊救邢惡
不及事楚子滅蔡滅非其罪晋宋伐衆失匍匐之義故皆
貶之稱師今趙盾伐鄭以救陳宋故經別數諸侯而殊大
之明稱師者以著善也　傳子𦐇至美也　釋曰桓十五
年公會諸侯于袲伐鄭傳曰地而後伐疑辭也非其疑也
此傳既無疑辭也又云則著其美也者此文雖會袲同其
理則異何者以其列數諸侯而會趙盾則詳其會地亦善
可知也　傳所以救宋也　釋鄭所以救宋經不言救宋
者以上有楚子鄭人侵陳遂侵宋之文今云晋人宋人伐

鄭明救宋可知故不言之也知非救理　陳之文
已見故楚伐宋宋得出而自救者伐宋者不攻都城故得
出晉師助晉也　二年　注華元至獲之　華元得衆故不
得於鄭獲之然則晉侯失民亦言獲者晉侯雖失衆諸
侯無相獲之道故亦不與秦獲也徐邈云獲是不與之辭
與者當稱得也故定九年得寶玉大弓是也然則弓玉與
人不類徐言非也何休云華元繫宋者明恥辱及國棊齊
國書陳夏齧皆繫國則是史之常辭非有異文也　注禮
三至敢去　三諫不聽則去待放於竟三年公羊傳文公君
賜之環則還賜之玦則往荀卿書有其事易曰既用徽纆
示于叢棘三歲不得凶者繫坎卦上六爻辭但易本繼作
係陸德明云寘置也王弼云險陗之極不可升也嚴法峻

謦難可犯也宜其囚執寘于辭過之地三歲險道之夷也
險終乃反故三歲不得自修三歲乃可以求復五歲故曰三歲
不得凶也馬融云徽纆索也陸德明云三糾繩曰徽二糾
曰纆劉表云三股為徽兩股為纆　傳曰於至之至　釋
曰趙盾與許止加弒是同而許君書葬靈晉公不書葬者
許止失嘗藥之罪輕故書葬以赦止趙盾不討賊之罪重
故不書晉侯葬明盾罪不可原也春秋必加弒於此二人
者所以見忠孝之至故也忠孝不至則加惡名欲使忠臣
覩之不敢惜力孝子見之所以盡心是將來之遠防也
三年　傳緩辭也　此之為緩辭則成七年不言之為急
辭也　舊解范氏別例云凡三十五范既揔為例　言之者
並是緩辭也傳於執衛侯云言之緩辭也則云不余不發

亦緩可知耳公喪在外逆之緩也衛侯之弟鱄秦伯之弟
鍼等稱之者取其緩之得逃吳敗六國云之者取其六國
同役而不急于軍事也殺奚齊稱之者緩于成君也考仲
子宫言之者隱孫而修之緩也日食言之者不知之緩也
則自余並緩耳理雖迂誕舊說既然不可致詰故今亦從
之　改卜云云　公羊傳在改卜者帝牲不吉則引社稷
牲而卜之其帝牲在於滌宫又云郊必以其祖配（三月於稷者唯具視）其身體
无災害而已不特養於滌宫又云郊必以其祖配者自内
出者无匹不行自外至者无主不止今改卜者取于稷中
則未審傳意如何以后稷配郊必與公羊異也不言免牛
而云不郊者牛死不行免牛之禮故直言不郊也　傳乃
者至辭也　重發傳者嫌牛死于卜郊不從異也　四年

傳平者成也　舊解以莒不肯平公伐莒取向莒人彌復怨郯郯之與莒方為怨惡乃是成就亂事故訓之為成注无此意恐非也　注以義至可也　釋曰傳稱伐猶可是非正與辭注云義兵者據其討不直故云義兵也義兵之道不足故傳云猶可也　秦伯稻卒　世本秦共公也

五年　傳諸侯至稱也　莒慶已發傳今重發之者莒慶小國之大夫高固齊之尊卿而取公之同母姊妹嫌待之禮殊故發傳明其不異也徐邈云傳言吾子是宣公也女理亦通耳　叔孫得臣卒隱元年傳曰大夫不日卒惡也今叔孫得臣不日卒亦惡可知矣何休云知公子遂弑君而匿情不言未審范意亦然以否　傳及者至姬也經既言高固及子叔　明矣傳何須更言及吾子叔姬

也者傳方欲辭及　　禮故上張其文也　注故書及
以明非禮　桓十八年濼之會去及為非禮此書及為非
禮者公與夫人之行須言及以别尊別故云及夫人姜氏
會齊侯於陽谷言及濼之會以夫人之伉不言故及知去
及為非禮令叔姬歸寧當矣以獨來為文高固奉命宜云來
聘經總之言來知書及為非禮　六年　傳不正至師也
傳例將軍師衆曰師將尊師以少言將成　三年晋郤克衛
孫良夫伐廧咎如彼非是敗前事亦言師師此不正言其
敗前事故不與師師者凡常書經自依將之尊卑師之多
少之利趙盾元年師師救陳令直書而已明是惡敗前事
故不與師師也郤克良夫前无師師之文故知從將尊師
少例耳　七年　傳來盟至不日　此重發傳者宋華孫

不稱使此則稱使嫌異故重發之言不日據成三年及荀庚盟有日故發問也　注蓋有疾而還　以下有卒故知有疾也傳亡乎人之辭也　重發傳者此乃復是事畢之文其實未畢嫌與他例異故重明之此與乃者亡乎人之辭也宣十五年傳以爲急辭也者乃有二義故也此魯使不得其人言乃以責之公孫敖亦是失命不言乃者此以疾而反有可責之理故言乃復以譏之敖棄命奔莒元來未去不足可責乃非文所盡故不言乃也　注祭于遂卒　注言此者解經仲遂之卒繫祭廟之意也仲遂有罪而亦言書日者宣公與遂同罪猶定公不惡意如而書日也或當辛巳自爲祭廟不仲爲遂也　案公羊翬當桓世无罪則不去公子仲遂非宣惡人而去父〔公〕子者翬非

桓罪人故生存去公子之號仲遂於宣雖則无罪者者人
之終若不去公子嫌其全无罪狀故去之若然何以不去
日者既替其尊號則罪已明故不假去日也傳稱公弟叔
仲賢也遂非賢而稱仲者杜預云時君所加何休云稱仲
者嬰齊所氏起范雖不注理未必然蓋以遂見疏而去矣
子經不可單稱遂卒遂於後以仲為氏故稱仲遂卒也然
仲遂以罪見疏即見是罪惡之臣而譏宣公不廢繹者宣
公與之遂同繹祭之時則內舞三繹而為之故所以譏也
傳猶者至賓也　旦日猶明日也何休云繹者繼昨日事
但不灌地降神耳天子諸侯曰繹大夫曰賓尸士曰宴尸
則天子以卿為之諸侯則以大夫為之卿大夫以孫為之
夏立尸殷坐尸周旅酬六尸唯士宴尸與先儒少異則范

意或於何同也案少牢饋食之禮卿大夫當日賓尸天子
諸侯明日賓尸者天子諸侯禮大故異日為之卿大夫以
不禮小故當日即行其三代之盟者案爾雅云夏曰復胙
商曰肜周曰繹是也為之復胙者復前日之禮也謂之肜
者肜是不絕之意也謂之繹者繹陳昨日之禮也何休又
云禮大夫死為廢一時之祭有事於廟而聞之者去樂卒
事而聞之者廢繹令魯不以為譏范意當亦然也　注文
夫至風同。哀姜有罪故僖成其母為夫人令姜氏子殺故
身出本自无罪則須熊成喪不是同例而云成風同者禮
妾子為君其母不得稱夫人以二者俱非正禮故云同耳
非謂意盡同也穀梁以成風　貶故曰妾子雖為君其母
不得稱夫人則襄公以其母定姒為夫人亦　也然成

風再聚自外不識者從一識故也案文十八年　宣母
敬嬴此云頃熊者一人有兩號故也　傳葬既至制也
舊解案禮庶人懸封葬不為雨止明天子諸侯不觸雨而
行可知也傳言不為雨止者謂不得止葬事而更卜遠日
喪不止也者謂不得臨雨而制喪事豈有諸侯執紼者五
百人安得觸雨而行哉是徐邈之說理之不通今案傳文
云雨不免葬喪不以制也是葬為雨止喪事不以理制也
上文云葬既有日不為雨止禮也明是雨而止則非禮可知
安得云傳　葬為雨止乎又且范引徐邈之注不言其非
則是徐從說矣何為述范義而違之哉　注徐邈至又次
未及已丑而却期者謂雨之於葬皆是已丑之日也若未
及已丑之日而遇雨其葬期在卻者何為逆書已丑日葬

也士喪禮有潦車載蓑笠者毛詩傳云蓑所以備雨笠所以禦暑是也　傳而緩辭也　釋曰言緩辭也者此日中克葬足乎日故云緩也定十五年日下稷乃克葬故云乃急辭也是二文相緩急故公羊傳云曷為或言而或言乃乃難乎而也是二文相對也　九年　注有毋至非禮經无異文者傳例云如往月危往也此朝書月即是非禮之異文也　秋取根牟　公羊傳曰根牟者何邾婁之邑也曷為不繫乎邾婁諱亟也　謂喪毋未期而取邑故諱不繫邾婁也若言諱不繫邾婁居毋之喪縱非邾邑非容无諱或當如左傳以根牟為國名　注外至為竟也　諸侯之國皆以侵伐會盟見　經既无文而疑是國者周有千八百諸侯今盟會侵伐見春秋者不過數十而已操扈傳若

不發焉知非國也曲棘不釋者雙名也去國遠矣故不假
釋郱鄑郚以三言為名故傳釋之為國也晉侯黑臀不書
葬者竊解以為纂（墓）立故也今案黑臀既書日卒未必纂（墓）立
盖魯不會故不書也　十年　傳不言至受之　決定十
年齊人來歸鄆讙龜陰之田言來也　注潤有常體　閏
月在所无常言而有常體者閏是附月之余文承前月是
无體之常不謂所在有常　注月者至速起　知非為齊
師伐滕歸父如齊宋師伐滕外事也歸父之聘輕也諸侯
時葬正也月葬故也今上有齊逐崔氏之文又非五月而
葬明書月者為葬惠公也　傳其曰至尊之也　傳知稱
子是尊之也者此言王季子即是大子之母弟子者人之

貴稱故知稱子為尊之也叔服以㡯子為大夫故直稱字
而不繫王也卒稱王子虎者卒當稱名故繫王言之
十一年傳不言及外狄也　哀十三年公會晉侯及吳
子于黄池注云及者書尊及卑也是言及所以外吳何得
此傳云不言及外狄者傳黄池之會欲同吳子於諸侯故直言
云及吳子不云會吳此不言及是外狄故云外會狄不云及
狄是不言及為外狄也及若不外當云晉侯及狄會于攢函
然隱三年齊侯鄭伯盟于石門不言及同吳於諸侯而云
及吳子者不可全同中國故不言及以别尊卑也
注變楚至謹之　經直言楚人知是楚子者下云楚子入
陳明知此為討賊故變楚子言人也其月謹之者不能
自討藉楚之力禍害必深故書月為謹之　傳　入惡入

者也　上文美楚子入令又惡之者前為討　舒討得其罪故變文以美之令為納二子失其所故曰入以惡之納公至於陳　麋信云二子不繫陳者以其淫亂明絕之也或當上有入陳之文下云于陳故省文耳先義例　十二年　注傳例至不嬺　失德不葬昭十三年傳文君弑賊不討不書葬以下罪也隱十一年傳文日卒時葬日也襄七年傳文案徵舒之勢靈公在十年五月至此才二十一月而注云踰三年者諸侯五月而葬今踰五月至三年故曰踰也非日月小有前却者未五冊謂之前過五月謂之却言葬有前却則書月以見危今三年始葬是小有前却故書時不言嫌也　夏六月至於郲　公羊傳稱荀林父稱名氏先楚子者惡林父也若然城濮之戰後子玉當是

善子玉乎徐邈云先林父者内晋而外楚是也　傳曰其
其事敗也　舊解事此戰事書日者為敗之故也特於此發
之者二國兵衆不同小國之戰故特發之徐邈云於此發
傳者深閔中國大敗於彊楚也今以昍為語辭亦足通也
但舊解為日月之日疑不敢質故皆存耳　戊寅楚子滅
蕭書日者徐邈云蕭君有賢德故書日也何休云責楚滅
人故國書日若擇善而從則徐言於傳例合也　衛人救
陳　不言善者衛宋同盟外楚今反救陳不足可善故傳
不釋　十三年　晋殺其大夫先穀　此雖不（無）傳於例為
殺无罪也　十四年　秋九月楚子圍宋　徐邈云圍例
時此圍乂故書月以惡之也何休亦然范意或當不異也
十五年　夏五月宋人及楚人平　重發傳者嫌内外

異也　中國日者謂衛滅許之類是也卑國月者謂無駭入極齊侯滅萊之類是也夷狄不入者楚滅江吴滅州来之類是也此不云夷狄時而云不入者方釋潞子嬰兒書日之意故不云夷狄時也夷狄不日宜從下為文勢嬰兒為賢書日復稱名者書日以表其賢書名以見滅國所謂善惡偕舉也　初稅畝　徐邈曰藉借也謂借民分治公田不稅民之私也觀范之注以藉為賦藉理亦通從徐之言義无妨也　何休云宣公无恩信於已民不肯盡力治公田故公家履踐案行擇其善畝谷冣好者稅取之故曰履畝徐邈以為除去公田之外又稅私田之十一也稱傳以公之與民為已悉矣則徐言是也　損為滅損也五菜者世所謂五辛之菜也何休又云古者井田之法一夫一

婦受田百畞身與父母妻子五口以為一戶公田十畞又
廬舍二畞半凡為田一頃一十二畝半也八家而有九頃
故曰井田廬舍在内貴人也公田次之重公也私田在外
賤私也若吾（五口）之（外名曰）余夫余夫率受田二十五畞半記異聞耳
於范氏注亦所取旡十六年傳例滅夷狄時嬰氏以賢
書月故知余邑書月亦為賢也甲氏晋吁非國而云滅者
甲氏晋吁國之大邑而晋盡有之重其事故云滅若晋滅
夏陽之類是也晋吁言及者蓋小於甲氏也
夏成周宣謝災　釋曰不京師者爾時成周非京師故
也公羊傳云宣謝者何嘗　謝也故范注亦以為宣王
之廟也旡宣曰謝爾　以為旡此文爾雅唯云土高曰
臺上有木謂榭臺上有木即是屋也楚語曰（榭）不過講軍實

臨覲講武必是歟前故云无室曰榭爾雅有之曰本或誤
也又引傳例曰云云者昭九年傳文也　傳周灾不至也
釋曰徐邈所據本云周灾至注云重王室也今遍檢范本
並有本不字則本不得解于徐同也　十七年　注已未亦云
云　釋曰十年夏四月丙辰日有食之已已齊侯元卒范
以為丙辰晦之日也已已在晦日之下五月之上當是閏
月可知此文與彼正同明亦閏月之日也　傳同外楚也
釋曰不於清丘發傳者清丘魯不會故重舉以包之也
傳從取貴乎春秋　釋曰衛侯之弟鱄去君傳云合於春秋
此不去君傳亦取貴於春秋者易稱君子之道或處或默
或語鱄以衛侯惡而難親恐罪及已故棄之而去使君无
殺臣之惡兄无害弟之愆故得合於春秋此叔肸以君有

大逆不可受其祿食又是孔懷之親不忍奮飛使君臣之節兩通兄弟之情俱暢故亦取貴於春秋叔肸書字鱄直稱名者內叔肸可以明親親外可以厲不執比鱄也賢乎遠矣故貴之稱字鱄雖合於春秋无大善可應故直書名而已

十八年　注地于繒云云　釋曰據楚子虔誘蔡叔般殺之于申不于國都也　傳夷狄至簡之也　釋曰夷狄不卒據自此以前吳楚君卒而不書日據襄十二年吳子乘卒言之也簡之也者中國卒則日不正乃不日夷狄進之則日不論正與不正故云簡之　傳路寢正寢也　釋曰重發傳者莊據始故發之　公薨弒有嫌公成承所嫌之下故各發傳也

歸父還自晋　釋曰執則至歸父非執而書其還者為

出奔張本也直書不氏者凡致者由上至之故例名今不書歸父之氏明有致命之義也

春秋穀梁疏卷第七

春秋穀梁疏卷第八　成公

唐國子四門助教楊士勛撰

魯世家成公名黑肱宣公之子以周定王十七年即位謚法安民立政曰成　元年　無冰　釋曰徐邈何休並云此年無冰者由季孫行父專政之所致也桓十四年亦无冰范云政治舒懷(緩)之所致必不得與二説同也又爾時季氏不專政亦无冰明徐何之言不可用　傳終時至辭也　釋曰終時無冰當志謂終寒時无冰當志之也此未終寒時謂令建丑之月是寒時未終而言無冰何也謂怪其書之意也終无冰矣謂過此時无冰則終无冰也加之寒之辭也謂於此月書者以此月是常寒之月加甚之辭故麋信徐邈亦云十二月冉(最)為寒盛之時故特於此月書之

是也余無氷不發特於此月發之者襄二十八年書春秋
無氷則是一時无氷書時則是終寒時故不發傳此在二
月葬襄（宣）公之下三月作丘甲之上是未終時故特發之桓
十四年无氷在正月之下者舊解正月自為公會鄭伯不
為無氷也或當月却而節前則周之正月亦是常之月
注周二至氷矣　天有四時冬寒暑夏是冬為常寒之月
於寒之中有加甚謂建丑是夏之十二月於寒之中又加
甚於余月雖未終時亦得於此月書之　三月作丘甲何
何休云月者重錄之徐邈云甲有伎巧非凡民能作而強使
作之故月以譏之范雖無注或書月亦是譏公羊說作丘
甲亦與此傳同唯左氏傳以為譏重歛　傳作為也。
後發傳者文同事異不可以一例該之故也范別例云作

例有六直云作者三云新作亦三云作三者謂作竝甲一也作三軍二也作僖公主三也云新作三者謂作新南門一也新延廄二也新作雉門及兩觀三也言作者不必有新言新則兼作也二者皆所以為譏故傳曰作為也是有加其度也言新有故是也傳有士民何休云德能居位曰士范云學習道藝者是以為之四民若以居位則不得為之民故云學習道藝也　夏臧至赤棘釋曰盟不日者何休云謀結鞌之戰不相負所以不日者執在三年非此所得寶〔保〕也案隱元年眛之盟為七年伐邾尚猶去日何為二年即執反云非此所得保乎蓋謀為鞌戰歸我汶陽之田至八年渝前約故略之也　秋王至貿戎　左氏以為戎敗之功〔公〕羊與此亦同為晉敗之今經不云晉敗之者欲見

王者無敵故也不書月者何休云深正之使若不戰范雖
不辭盖不言晋敗及戰故亦畧其日月　傳郤克眇
左氏以為跛今云眇者公羊無說未知二傳孰是范明年
注云郤克跛者意從左氏故也或以為誤跛當作眇
注胥閭門名　釋曰即周禮二十五家也　注脫此六字
季孫行父禿是傳亂上脫季孫行父如齊六字　二年
癸酉季孫云云徐邈云四大夫不舉重者惡魯威〔猥〕遣四大
夫用兵亦以譏之也然則諸國用兵亦應猥遣何以不具
書之盖是用兵重事故詳內也　傳曰」云云」　案傳例疑
戰不日不疑戰則例書日」此傳云日其戰日其悉也者豈
使詐戰則魯雖四大夫戰亦不得書但傳以此戰不詐書
事宜詳固〔故〕因經書日并見此意也　傳无」曹大夫　復癸

傳者前為崇霸令為戰故重發之公羊以為公子手何以書憂内也杜解左氏以為備於禮並穀梁意　傳爰婁云云　爰婁去齊五十里今在師之外明晉師已逼到其國師謂晉師也齊為晉所敗兵臨城下然敗軍之則將不可以語勇鷙弦之鳥不可以應弓所以更能五戰者齊是大國之邑竟能寬收拾余燼足當諸國之師故請以五也　傳楚無至亢也楚無大夫重發之者屈完當齊桓名氏始始見非正例也椒與宜申二者不見名氏非大夫之例令稱公子是貴於稱大夫之文故重發之嬰齊之亢又重發者高傒則沒公存氏處父亢氏稱名嬰齊則前驕後讓三者皆異故各發之　注齊在云云　知時王黜者以秦宋陳衛以下皆稱人稱人則非卿以其諸侯之大夫俱是微

者必不能自有升降故時知王所黜齊以傲敵以之故師
敗於鞏兵臨城下微弱之極故天子因其勢故退人鄭下
此乃一時之宜非常例也知諸侯大夫是微人者傳直是
怪嬰齊稱人不論諸侯大夫明知並是微者　傳會與云
云　同月則地會不地盟者僖二十八年踐土之盟襄十
六年溴梁之盟是也不同月則月會盟者昭十三年平丘
之盟定四年皐鼬之盟是也　三年　注宋衛至譏之
范意雖葬未踰年亦不得成君雖踰年未而葬亦不得成
君此云宋衛未葬書公侯以譏之踰年未葬不得成君此
注是也雖葬未踰年不得成君即位四年鄭伯伐許注云喪
未踰年自同於正君亦譏之是也　甲子　宮　何休云
此象宣公篡位當誅絶不宜列之昭穆成公結怨強齊不

得乆成宗廟之象也范以天災難知非人所及故不言之注迫近至謚也　范不據丹桓宮者傳云迫近不敢稱謚言近則宜對遠故據桓僖言之其丹桓宮以莊公娶父之讎女故特言桓宮以譏莊之不孝也　傳其辭至譏矣不稱謚明其恭三日哭著其哀是成公爲无譏矣　叔孫至圍棘。公羊左氏皆以棘陽爲汶陽之田也是此傳无說事或然也　傳其日至與之也　案傳例前定之盟不日後定之盟則日此云公也者其實盟雖公在位但是前定則不日後定則日此其日公故也則後定亦可知矣但以上文聘既接公下文及則公文未顯嫌不得再煩尊者恐盟時无公故傳云公以釋之傳又云不言及者則宣七年衛孫良夫來盟是也不言其人者解此文不書内之名氏是也

又云不言求兩欲之也者言求當直言求盟如孫良夫是
也不言求者此云兩來聘又云及盟是也何者來聘是他求
言及我欲也是兩國同欲之文非獨求之稱故云不言求
兩欲之也若然上文云來聘而求盟者解二人或本意來
聘只欲求盟為下不言求張本也　注鄭從至狄之
知伐衛之喪又叛諸侯之盟故狄之者昭二十年晉伐宣
虞傳曰不正其余夷狄交伐中國故狄稱之也芝四年傳
云吳不稱子反其狄道也鄭衛同姓不有弔臨之恩而伐
其喪其為惡　　斯之甚而亦直舉國稱之明夷狄之行
也叛諸侯之盟者舊解以為上文叛晉為諸侯所伐是也
及其言伐喪者前年衛侯速卒楚師鄭師侵衛是也不於
伐喪貶者其罪不積不足成惡鄭既伐喪背盟一年之中

再加兵於許故於此夷狄之　四年　注喪未至識之
傳於宋宋襄起喪稱之例則諸侯亦同赴可知故上下經文
宋鄭衛陳皆有子稱鄭是伯爵與侯同於七命明在喪之稱
或亦與侯同也左氏之例唯云公侯曰子伯則不入于例
與此異也　五年　傳婦人至来歸　范氏云出女例凡
三齊人来歸子叔姬一也郯伯姬來歸二也此杞叔姬来
歸三也又别引文十八年夫人姜氏歸於齊為例者出既
是同但内外為異故幷引之也子叔姬淫而得罪為齊所
逐故言齊人来歸今杞叔姬文既與之異故並發傳舉其
上下郯伯姬亦足以相包故不更發之　注梁山晉之望
也　詩云奕奕梁山是韓國之鎮霍陽韓魏晉之地故云
晉也望也　注春衣云云　禮云素縞者鄭玄云黑經白

縡謂之縞縞冠素純以純喪冠故謂之素縞是祥祭之冠
也今注云素衣縞冠與鄭異也　注謂无繼嗣舊說云伯
尊晉之賢大夫華人晉之隐士今一遇吐誠理難再得伯
尊不能薦之於晉侯以救朝廷之急取切其語而晦其人
蔽賢罪深故被戮絶嗣子夏雖匿聖人之論能播教於西
河今黑水之人欽其風蒲坂之間愛其道其罪先輕故直
喪明　已然次之立說恐非其理何者天道冥昧非人所
知大聖立言意在軌世則伯尊之戮未必由蔽賢人之言
卜商喪明豈關匿聖人之論徒增罪之輕重妄說受罪淺
深據理言之恐非聖賢之旨何休以為梁山崩壅河三日
不流象諸侯失勢王道絶故自是之後六十年之中弑君
十四亡國三十二案此傳說華者之言竟不論天子諸侯

喪亡之事則何休之言未必通於此也　六年　春王至
自會　何休云月者魯使大夫攬齊侯令親相見危之故
書月也　傳例至月則危此書月必是危但不知同何說
以否或當時有危傳不言之故范亦不解或以為此辭公
遠會始至立武宮取鄟皆是危事故致會書月也　立武
宮　禮記稱世室此傳云不宜立者禮記周末之書以其
廟不廢故謂之世室此以武公之廟毀來已久今復立之
故云不宜立范義與此違也何休解公羊以為臧孫許伐
齊有功故立武宮左氏以為季文子以鞌之功立武宮據人雖
別同是伐齊穀梁之意亦以勝齊立武宮也　取鄟
隱十年鄭伯伐取之直注云凡書取國皆滅也變滅言取
明其易今不言滅鄟是明魯取之易也又惡鄟不備也凡

書取之例有内外皆有外書取者即齊人取舒是也内書取者即取鄟是也其内被取邑亦為取齊侯取鄆是也公羊以為鄟是邾之邑與穀梁異　鄭伯費卒　案世本及左氏鄭伯費是鄭悼公不書葬者何休云楚伐鄭喪諸侯不能救晉欒書又侵之故去葬使若非伐喪者為中國諱也在隐三年注魯不往會則經亦不書則悼公不書葬者魯不會也　七年　注不言至可知　下傳稱免牲不日不交免牛亦然此言免牛則嫌似不郊故云不言免牛者以方九郊未可知也　亟　傳不言日急辭也　宣三年交牛之口傷彼言之是緩辭亦不云日此傳云不言日急辭也者案宣三年傳言之是牛自傷之緩此言其是鼠食牛之緩二者立文雖異俱是緩辭則辭闊容日亦是緩辭傳

云不言日急辭也此已發例則定十五年哀元年之類不言日者並是急辭也緩辭不言日者言之既是緩辭可知故不須更書日以見緩也　傳交牛至盡也　展省察也言日日皆省察牛之觟角而則知之傷是省察之道盡矣展道雖盡不能防災禦患至使牛傷是其所以備災之道不盡是故不言之日道者以責有司也牛觟云觟者詩稱兕觟其觟又曰有觟其角是也　傳其緩至角過也　解經上文云鼷鼠食郊牛角不言其此文云又食其角乃變言其故釋之云其緩辭也曰亾乎人矣亡无也至此郊牛復食乃知國無賢君非人所不能也謂無賢國君之故為上天之所災非人力所能禁所以免有司之過也謂經言其者所以放有司也　傳乃者云云　重發傳者此再食乃免牛

嫌與他例別故重發之　注蓋為三望起爾　僖三十一
年夏四月四卜郊不從乃免牲猶三望使彼不云不郊此既
云免牛又云不郊者彼免牲與三望同時故畧去不郊之
文此春免牛夏乃三望故備言之　傳例云月雩正也時
雩非正也非正者其時未窮人力未盡毛澤已竭不雩則
不及事故月以明之則經盡書秋八月雩九月雩是也既過
此節秋不書旱則冬無為雨也故鄭釋廢疾去冬及春夏
案春秋說考異郵三時唯有禱禮無雨雩祭之事唯四月龍
星見始有常雨雩耳故因載其禱請山川　方今天旱野
無生稼寡人當死百姓何依不敢煩民請命愿撫萬民以
身塞無狀是鄭意亦不以須臾雩唯有禱請而已　八年
注晉為至之由　公羊以為齊侯敗鞌之後七年不飲酒

不食肉晋侯高其德遂反其所取侵地此雖无傳齊頃是中平之主安能以一县之後七年不飲酒食肉乎故以為晋為盟主齊事晋故使魯還二年齊所反之田杜預解左氏其意亦然 傳於齊緩辭也 僖二十八年晋人執衛侯歸之於京師傳以言為緩辭也今言歸之於齊為緩辭為者之緩辭自是常例於齊之禮未明故特釋之辭雖不同亦緩也此以緩辭言之者諱不使制命於我也 注婚禮至其事 釋曰公羊以為婚禮不稱主人宋公無主婚者辭窮自命之故公孫壽來納幣稱使紀侯有母履緰受紀侯之母婦人之命不通故不稱使桒隐二年傳云其不言使何也逆之道微無足道焉爾據彼傳文以逆者微無足道焉爾故不言使則與公羊異觀此注意云宋公无主婚

者自命之故稱使命明為母命之則不稱使似與公羊同而與傳違者范以紀侯之與宋公皆是無母宜並稱主人但納幣是卿之事故稱宋公使也逆女是君之事使大夫非正故履緰不稱事侯今此注云婚禮不稱主人亦據諸侯母在者言之又且履緰不稱使大率言之亦是不稱主人之事故注言之耳納幣不書其經之所書者三莊公以非禮書一也公子遂以喪録二也此為伯賢姬三也范知為賢姬者公羊傳云納幣不書此何以為書録伯姬也是為賢而賢録也傳見曰一稱也主既是四大之重宜表異號莫若繫天以衆人畀故稱母子貴者取貴稱故謂之天子入春秋以来唯取仁義之稱末表繫天子之尊故曰更見取一稱也公羊傳云其稱天子何元年春王正月正也其余

皆通矣何休云德合於元者稱皇德合於天者稱帝仁義合者稱王又云王者取天下歸往也天子者爵稱也聖人受命皆天所生故謂之天子或言天王或言天子皆相通也唯賈逵云畿內稱王諸夏稱天王夷狄稱天子其理非也　衛人來媵　公羊以為媵不合書其書者賢伯姬也左氏雖無其說蓋以來致於魯然後(與)嫡行故書之此傳與之意以伯姬為災而死閔之故書其事是言傳意小異也

注江熙云云　江熙以不得其所為共公失德文无所據范引之者傳異聞也　九年　(傳)傳曰至為之也　公羊以為魯嬇杞使逆其喪左氏以為魯(人)請之故杞伯來逆此傳不說歸之所由要叔姬免犯七出之愆反歸父母之國恩以絕矣杞伯今復逆出妻之喪而違禮傷教言其不

合為而為之是以書而記之以見非傳白夫无逆出妻之
喪為之言其不合為而為之也徐邈云為喪猶葬也言夫無逆
出妻之喪而喪理亦通矣但凡范不訓為為葬也　夏季孫
行父如宋致女　釋曰公羊以春秋未有言致女者此其
言致女何賢伯姬也者左氏无説蓋以使卿則書余不書者
或不致或不使卿也此傳云詳其事賢伯姬也則與公羊
意同耳徐邈云宋公不親迎故伯姬未順為夫婦故父母
使卿致伯姬使成夫婦之禮以其責小禮違大節故傳曰
不與内稱謂不稱夫人而稱女案傳稱賢伯姬而徐云責
伯姬是背傳而觧之故范以為謂致勑戒之言於女也
注内稱為稱使　案經内大夫出國例言如不言使此季
孫行父如宋即是内稱而云不與者凡内卿出外直言如

其者即是使又即是內稱令行父稱君之命以在家之道致出嫁之女雖言如以為內稱言致女是見其不與也僖三年公子友如齊莅盟彼亦言如又云莅盟者若直言如則嫌是單聘故須更言盟也莅盟既須更言盟則致女亦須史(言)之云不言(與)內稱者莅盟是女(礼)致女非禮故不合言也若然傳曰逆者微故致女詳其事賢伯姬也據傳文是致女得正而云不云故不與內稱者禮諸侯親逆不須致女今以宋逆者微故致女是傳解其致女之意也云不正故不與內稱也其以在家之道制出嫁之女也其傳之意因解宋公不親逆并見致女之不正又云賢伯姬者以上下文詳賢伯姬皆云則此云致女非(亦)兼賢伯姬也若其不為賢伯姬則致女雖正亦不書也　傳為親者諱疾　春秋

諱有四事一曰為尊者諱耻二曰為魯諱敗三曰為賢者諱過四曰為同姓諱疾此不言魯者因親者諱疾則文亦亦包魯可知故不言也聖人有作親疎一也今乃以同姓為別者春秋之意因親疎故仲尼書經内外有別既内外別則親疏尊卑見矣　傳大夫云云　釋曰范別例云凡潰者有四發傳有三僖四年蔡潰傳曰潰之為言上下不相得也此莒潰傳曰大夫潰莒而之楚二者雖同是不相得與君臣不和自潰散小異故亦發傳昭二十九年鄆潰彼鄆是也與國殊故重發傳一解鄆不伐而自潰常例異故重發之文三年沈潰不發者從例可知也　注潰例至故曰　釋曰上云猶中也故曰下文言惡之故謹而日國也若使莒非中國雖惡不得日也以潰例月為惡故日是

八二

以云謹而日之范知例月者僖四年春王正月公會齊侯云
云侵蔡蔡潰文三年春王正月叔孫得臣會晉人云云伐沈
沈潰是例月今此莒众民叛君從楚故變文書日以見惡
楚人入鄆　魯雖有鄆此鄆非魯也盖從左氏為莒邑大
都以名通故不繫莒或以為昭元年取鄆范云魯邑此不繫
莒則魯邑可知理亦通也　傳城中至民也　莊二十九
年東冬城諸及防傳曰可城也今云非外民也者凡城之志
皆譏就譏之中閑隙之月少耳故云可城及非全善之文
此亦冬城嫌同而无譏故發傳明之舊解以為有難而新
城則不譏之若文十二年季孫行父城諸及鄆是也此涉
左氏之說案穀梁傳凡城之志皆譏安得有備難之事皆
備難无譏則經本不應書之經既書之明譏例同或以為

城諸及防是其月故傳發可城之文今此城為十二月故
發外民之傳雖同是譏事有優劣故發傳以異之十月
衛侯至侵鄭　釋曰范荅薄氏駮云諸侯至尊弟兄不
得以屬通有賢行則書弟今黑背書弟者明亦有嬿行故
也陳侯之弟黃衛侯之弟專秦伯之弟鍼傳无賢行所以
皆稱弟者隱七年齊侯使其弟年來聘傳曰其弟云者以其
来接於我舉其貴者也是接我者例稱弟襄二十年陳侯
之弟光出奔楚昭元年秦伯之弟鍼出奔晋傳皆曰親而
奔之惡也襄二十七年衛侯之弟專出奔晋傳云其曰
弟何也專有是信者是三者无罪故稱弟以惡兄襄三十
年天王殺其弟佞夫傳曰甚之也稱弟以惡王也昭八年
陳侯之弟招殺陳世子偃師傳云其弟云者親之也親而

敎之惡也是惡而稱弟也宣十七年公弟叔肸卒傳曰其
曰公弟叔肸賢之也莊三十二年公子牙卒无賢行而不
稱弟明稱弟皆賢也自然黄專之非直罪兄非必嫌有賢行
叔肸以賢行叔行以賢稱弟傳有賢行明文則黑背稱弟
自然有賢行故范准例言之稱弟之例有四意齊侯之弟
年來聘鄭伯使其弟禦來盟為接我稱弟鄭侯之弟專為
罪兄稱齊侯之弟招惡之稱弟叔肸及衛侯之弟黑背弟
為賢稱弟是有四也　傳正乎人之辭也　重發傳者嫌
五十與四十異故也　注滕伯姬至非禮　何休以為異
姓亦得媵故鄭鍼膏肓難之云天子云備百姓博異氣諸
侯直云備酒漿何得有異姓在其中是亦以異姓不合媵
也此媵不發傳者上詳其事見同姓之得禮異姓非禮何

知故省文　晋侯獳卒　何休云不書葬為殺大夫鄭同等范雖不解或當魯不會也　十一年己丑及郤犨盟釋曰書日者公親在又非前定之盟故也又不云公者取舉國與之也　十二年傳周有云云　有入无注出意十直據天子今不云王而云周者以經雖无王臣入文王臣出亦是譏限故言周以揔之范以王者出入之文俱有故主直言王以當之案僖二十四年傳云雖失天下莫敢有也謂王雖出鄭不敢有之以為國也此云上雖失之下孰敢有之謂上雖有不君之失臣下孰敢效放效為之觀經立說故二處也不同今上下皆失之矣謂王既書出居于鄭今復云周公出奔晋是上下皆有失也羊公以為書出者周公自其私土謂國也左氏以為書出者已復之周公自

出並與穀梁異也　傳夷狄不日　不於箕役發傳者以
再敗狄師甚之故發於此　十三年　傳乞師乞重辭也
重發傳者公子遂內之外始此外之初故發之也古之
人重師故以乞言之也者古人以師之為重故以重辭言
之古者舊以為穀梁子後代人遠者舉當時之事亦以古
言之徐邈以為引古以刺今耳　傳公如京師云云
僖二十八年五月癸丑公會晉侯云云盟于踐土陳侯如
會公朝於王所彼日月並書公朝于王所雖文承五月癸
丑之下彼之日月自為盟不為朝也壬申公朝於王所書
日此意取日不繫月猶諸侯不宗於天王朝會无危則例
時今公以伐秦過京師非真朝故書月以見意　傳言受
制周也　公子遂如京師遂如晉傳云不叛天子此文重

發傳者嫌君臣異例也　傳曰閔至曰會　諸侯或從會
或從伐皆閔其在外而死故云卒于師于會也卒于師則
此伯曹廬襄十八年曹伯負芻是也卒于會者則定四年夏
杞伯成卒于會是也僖四年許男新臣亦卒於師不言於
師者彼以內桓師雖卒於外以若在國然故不書於師然則
大夫之卒例所不書而與公同例云在師在會曰會者舊
解以為春秋緣大夫之心則知書君之卒於師則言師於
會則言會非謂外大夫書卒于師若然傳當云大夫也公
不得云大夫且經无其事傳因類發例者其數不少即日
食外壤饑云饉康之等是也彼經無其事傳得因類引之
此雖无經何以為不得又會大夫單伯之徒不書會諸侯
若使卒於師固當書之但無卒於師卒于會者耳故知公卒

大夫在師曰師謂公及大夫二者皆然也徐邈之注亦以為公及大夫所會諸侯在師言師在會言會明為舊解非也 傳葬時正也 嫌卒於師失正葬故重發之葬正則是无危不日卒者蓋非嫡子為君故也又僖四年注云新城卒于楚故不日耳則此不日者或當為日卒于秦故也若然襄二十六年壬午許男甯卒于楚注云許男卒于楚則在外已顯矣日卒明其正二注不同者以无正文二理俱通故為兩解或亦新臣無嫡子不須兩解理是可通耳 十四年 莒子邾卒 釋曰莒子邾朱者莒渠丘公今不書葬者莒行夷禮是則失德又葬須稱謚舉夷無謚故不書葬也不日卒者何休云入春秋以來至此始書卒故畧之不日或當既行夷狄不得同中國故不日 或當非正卒无文可

明之　注宣元云云　案宣元春王正月公即位下文即云公子遂如齊逆女彼文承正月之下即與此別而云同者彼雖文承正月之下正月自為即位發文非是為遂逆女若逆女既蒙上月則下夫人至不須云月案此彼例知彼亦當時也　傳大夫至致之也　公子翬如齊逆女傳曰不言翬之來何見於公也然則夫人　於君宜　夫人而曰非正者逆女親者也使大夫非正也非正而以夫、至故刺之彼以先接於公故無至文此使大夫有譏則翬之被責居然顯矣不發於宣公逆女於此發之者宣公以喪娶故畧夫人而不氏一事不二譏故省其文成公非喪娶而不親迎嫌其無罪故傳明之莊公清迎傳亦譏之者以娶讎人之女而事宗廟故也由上致之者宣元年注云

上謂宣公此則謂成公也　秦伯卒　世本及左氏是秦
桓公也」十五年　傳子由父疏之也　宣十八年公孫歸
父如晉歸父亦襄仲子之（子）何以不疏者卒則身之終令嬰
齊之卒當繼於父父既被疏子亦當畧歸父則奉命出使
使奔之故其名氏以惠（恩）録也歸父還不氏者以明由上也
公羊以為仲嬰齊何以不稱公孫為歸父既是兄公孫嬰
齊為歸父後為人後者則為之子故不稱公孫與穀梁異
傳　執曹伯　重發者此執歸于京師嫌晉之無罪故明
之　注傳二十至其罪　衛侯有罪故稱人言執之又歸
之京師令天子決之是伯討之文也又且此傳云以晉侯
而斥執曹伯惡晉侯也稱侯以執為惡明稱人以執是伯
討也若然定元年晉人執宋仲姬（幾）傳曰此大夫其曰人何

也微之也何為微之不正其執人於尊者之所也不與大夫之持伯討也彼又稱人非伯討者彼仲幾雖則逆命當歸之於王之有司今晋大夫執人於尊者之側故地於京師以見尊稱人以見微是不與大夫之伯討也伯討宜施諸侯大夫也則不得也左氏以為曹伯殺大子而自立公羊之意曹伯簒晋〔喜〕時據二傳之文則是有罪范云不以其罪者范以曹伯言執云惡晋侯曹伯之入云歸為善據此二文言之明執之不以其罪得以公羊左氏為難　注宋共至亂故　葬書時正也注云以時決而以月決之者以葬書時最為正書月有故書日危不得葬今共公月猶不得明不葬可知故不以時決之然共公失德所以不全去葬文者為婚伯書葬故不得存共公之葬但書日以表失

德且不全去葬文嬴是魯之不會無以明其失德也　宋
殺其大夫　左氏以為背其俗（族）何休注公羊以為譏華元
貶之穀梁無說不知所從　傳會又會外之也　重發傳
者攢函表中之辭鍾離明內外之稱故兩發之　十六年
雨木氷　劉向云氷者陰之盛木者少陽卿大夫之象此
是人將有害則陰氣脅木木先寒得雨而氷也是時叔孫
僑而（如）出奔公子偃誅死一日時晉執季孫行父執公此執
辱之異也徐邈云五行以木為介介甲也木者少陽之精
幼君大臣之象氷者兵之象今氷脅木君臣將見執之異
根拔（枝）折者象禍害速至也或曰木氷此木介介者甲也兵
之象也是歲有鄢陵之戰楚子傷目而敗注云兵之象則
或說是也　滕子卒　左氏滕文公　傳曰事云云

僖十五年己卯晦震夷伯之廟傳曰晦冥也則晦非常文
而云遇晦者舊解以為僖十五年傳曰晦冥也者謂月光
盡而夜闇不謂非晦日也今以為正夷伯之廟云晦者如
公羊書晝日為冥自余稱晦者是月盡日也既云日事遇晦
何以日食不書晦者日食既言日雖不書晦何以知故首
文也必知不如公羊以晝為晦冥者上六月丙寅朔日有
食之此甲午是二十九日晦以日月相當知非晝日為冥
也傳敗則目也　手足偏斷尚謂之敗目在首重於手
足故亦為敗也傳識在諸侯也　不見公者是晋侯之意
諸侯既無解釋之者即是同不與公相見故以諸侯揔之
傳出入不名　凡諸侯有罪失國出書名者即昭三年
北燕伯欵出奔齊是也入書名即僖二十八年衛侯鄭曹

伯襄是是也今曹伯被執以其无罪故出入不名見其不失
國也傳詳發于此者以歸文與常例異故分別之　注行
父至晋地　昭十三年八月甲戌同盟于平丘公不與盟
晋人執季孫意如以歸二十三年春正月叔孫婼如晋癸
丑叔鞅卒晋人執我行人叔孫婼彼二文皆承月下即家
上月文何為此注獨為謹而月之者意如之執文承八月
之下彼月自為盟而不為執意如也婼之執雖文承正月
之下彼自為月叔鞅而言亦不是為婼而發故襄十八年
晋人執衛行人石買莊十七年齊人執鄭詹皆不月也此
九月之下更無他事指言晋人執季孫故知為危謹而月
之也一解行父書月以見危則意及婼亦是危也傳執者
至存也　經稱執季孫行父舍之苕丘故傳執者不舍是

據叔孫婼而發問也婼而舍公所也者謂言所舍故也公所
者即莒丘是也執致者謂昭二十四年婼至自晉是也而
不至公在也者謂令季孫歸而不書致者公在故也以其
與公同歸重在公故不致也何其執而辭也謂問經意何
其書執不以致為辭也猶存公也謂為晉所執心欲存公
所在故不致行父又言舍之也存意公亦存焉謂又問經
意直存舍之不致之意則便可知公所在乎公存也者荅
上文意但存此二事即知公在也公存者謂在莒丘也舊
解注云言二事舍是一事也於　以為秉上注意
則二事者謂舍於莒丘及不為二事　注徐邈至義也
釋曰僑如為君遇之不失所書者曰臧紇則正其有罪而
書曰二者不同范引之者欲明二者不異臧孫云正其有

罪亦兼為君還之不失所書曰僑如言君有恩而書曰亦兼政正其罪可知是互以相包故引之　刺公子偃　徐邈云偃為僑如所譖故云無罪左氏云為姜氏所立二者未知孰是　十七年　傳不曰云云　釋曰定四年諸侯侵楚盟於皐鼬言公至自會者經之常也今傳起違例之問者定四年楚弱而為諸侯所侵侵訖而盟故以盟為大事故云至以自會鄭自柯陵戰後不助中國二年之間三度興兵以伐為重盟為輕故決其以伐鄭至僖四年傳云大伐楚也不以會致而以伐致是其事也案後會齊侯不出而云後會之之人盡盟也者以今時身在後遺大夫從師故亦不得云後會之人盡盟　傳宮室云云　論用郊而陳宮室者禮有五經莫重於祭祭之盛者莫大於郊傳意欲

見嚴父然後至其夫家國備然後祭亨故具說宮室祭服車馬官司之等明臣神非徒享味而已何得九月始用郊乎徐邈云宮室謂郊之齊宮衣服車馬亦謂郊之所用言一事闕則不可祭何得九月用郊理亦通也　晉侯至乞師范別例云乞師例有三三者不釋從例可知也乞例六者乞師至乞盟一并之為六乞師五者公子遂晉郤錡欒黶荀云士魴是也乞盟一者鄭伯是也　傳　云云公羊之意以為臣待君命然後卒大夫且有公而後錄其卒是　公羊異杜預解左氏以為日誤又與　傳不同也

邾子貜且卒　世本邾定公也　十八年　傳君臣惡甚矣　於此發傳者以州蒲二年之間殺四大夫故於此發惡例也　注彭城至復入　晉欒盈亦書復入者以欒盈

先入曲沃後復入晋故亦云復入也後入曲沃不云復入者兵敗奔曲沃既前文已云復入于晋故直云入曲沃直(舊)解以為初入國都後入曲沃言復入若然何不云復入曲沃而云復入于晋　築鹿囿　范知非以鹿築囿而以鹿為地名者案(郎)囿既是地名則此鹿亦當是地名徐邈(何休)皆云地名天子囿方十里伯方七里子男方五里言魯先有囿令復築之故書以示譏則郎及蛇泉亦是譏也案毛詩傳云囿者(天子)百里諸侯三十里與徐何二說別者詩傳蓋天子據孟子稱文王囿七十里寡人三十里故然之為天子諸侯三十里耳未審徐何二家據何為說也　同盟於虛朾　此虛朾之盟不日者何休云公薨喪盟畧之故不日事或然也

春秋穀梁疏卷第八

春秋穀梁疏卷第九

襄公

唐國子四門助教楊士勛撰

魯世家襄公名午成公之子定姒所生周簡王十四年即位謚法因事有功曰襄 元年 傳繼正即位正也 襄是定姒之子嬴非正故重明之 傳繫彭云云 哀三年齊衛圍戚傳曰不繫戚於衛者子不有父也魚石人臣而取君之邑邑以繫國為正故言繫彭城與宋不以魚石正也若不繫宋則似與之為父子君臣意異故係不有殊公羊傳曰曷為繫之與宋不與諸侯專封楚左氏云今楚取彭城以封魚石是魚石為楚所封則三傳不異其說彭城繫宋則異也何者公羊意彭城繫宋不與楚封此傳意彭城係宋不與魚石是其異也左氏以為不 又云謂之

宋志是又與二傳意不同也　邾子來朝　世本及左傳
邾莒也　注冬者至之禮　周禮諸侯之邦交歲相問殷
相聘世相朝又左傳云凡諸侯即位小國朝之大國聘焉
此年公新即位故各行朝聘禮也知王崩赴未至者禮諸
侯為天子斬衰若其聞喪豈天子以九月崩當月即邾子
來朝冬初即晉衛來聘魯是有禮之國焉得受之明知赴
未至各得行朝聘之禮也猶如襄二十九年吳子余祭五
月所弑赴未至魯故季札以六月到魯仍行聘禮亦此類也
若然經書九月天王崩者赴雖在十月之末告以九月崩
耳知王崩諸侯不得行朝聘之禮者曾子問曰諸侯相見
揖讓入門不得終禮廢者幾孔子曰六天子崩大廟火者
食后夫人之喪雨霑服失容則廢是天子崩不得行朝聘

也　二年　傳稱於前事　　依例將尊師少稱將將卑師衆稱師傳知稱於前而書名者三人同有伐喪之罪或名或師明知稱師者罪重稱名者罪輕又成二年鄭人侵衛之喪今甯氏獨稱名氏故名稱其前事也　　注齊謚　葬者皆歸又謚法執心克壯曰齊故知是謚　　傳君（若）言至鄭也　此言若中國焉者非是對戎狄而生名言中國猶國中也今經不係虎牢於鄭者如中國之邑也所言（以）如中國之邑者鄭服罪故内之也所以鄭服不繫虎牢者春秋之例外邑皆不言城今虎牢若繫鄭則不得書之故不繫之鄭此内邑也公羊以為虎牢不繫鄭者為中國諱伐喪説左氏者以為虎牢已屬晋故不繫鄭並與穀梁異　三年注晋侯云云　范知出國都與公盟者上言如晋下言

公至晋自不言長樗故知之也　傳外乎會也　釋曰莊
十四年單伯會伐宋傳云會事之成也僖二十八年陳侯
如會傳曰外乎會也是上文互以相通也會伐宋伐事已
成單伯乃至則踐土亦會事已成陳侯乃至也陳侯言外
乎會明伐宋時亦外乎會也三處發傳者單伯內夫人陳
侯是諸侯袁僑為君所使嫌有異故重發之　傳及以云
云　傳解經所以再言及者以及與之也謂與袁僑故言
及以殊之公羊以為重言及者為其與袁僑盟也　意言
諸侯大夫所以為盟者為與袁僑盟也與穀梁傳異也禮
君不敵臣陳遣大夫赴會諸侯大夫與之為盟則是貴賤
之宜而云大夫強者陳侯遠慕中國使大夫詣會受盟諸
侯雖則盟罷當須更與結好又尊卑不敵者謂獨會外侯

今既與諸侯众在何以得稱不敵　與袁僑得盟諸
侯大夫君在私盟故謂之彊也案十六年大夫不臣也則
不繫諸侯此云諸侯之大夫而謂之強者此雖對君私盟
慢君之意緩至十六年積習已久不臣之情極故不繫諸
侯此亦應受君之命而謂之私者對君盟非臣事故謂之
私　四年　夫人姒氏薨　公羊以為弋氏何休莒女此
與左氏並為姒氏范及杜預皆本杞女是與公羊異也傳
妾子為君其母不得稱夫人今薨葬備文者君與夫人禮
成之臣民不可以妾禮遇之故亦得稱夫人今仍非禮也
五年　叔孫豹至如晋　公羊以繒世子巫是繒之前
夫莒女所生其巫之母即是魯襄公同母姊妹繒更娶後
夫人于莒而無子有女還於莒為夫人生公子但繒子愛

後之夫人故立其外孫莒之公子故叔孫豹與世子巫如
晉頌之此傳直云為我事往也不知更為何事故徐邈注
此取左氏說云為我事往者謂譖繒於晉以助己出賦也
今范氏外相如不書為魯事往故同於内也下文滅繒此
傳亦同公羊取外孫為嗣則此之同晉如公羊理亦无損
但巫縱於魯同是莒之外孫傳不得云為我往也況又上
四年范注云姒氏襄公母杞姓也則襄公母非莒女也若
同左氏則與傳文為順未審范意如何或當犯范雖從公羊
外孫為嗣此明為晉非為外孫傳號從中國　釋曰重發
此文者鄫之於宋俱是中國嫌此魯衛會善稻善稻吳地
嫌從夷號故重發之大　晉地　竟名曰大鹵恐從夷
名故更發其例地莒從夷俗但狄人為蚡泉為貽莒不得

與真吏　同故不須發例也名從主人者越謂於越左氏云壽夢之鼎是也注數謂中國故　繒夷狄之不若自當序吳下繒罪吳下即是殊吳所以云數會中國者若繒狄不若吳不數會中國縱使抑繒不可稱人進班也今以其數行進之故序云會進之故序繒于下以表夷狄之不若進吳於上以顯其數會中國也　傳內辭也　此戍陳公羊以為諸侯雖至不可得而序故獨言我也杜預以為戚會晉命戍陳諸侯各自遣戍不復告魯故不書也觀范注似魯獨自戍之案檢上下則於理不得何定者五年歸粟于蔡傳云專辭也彼專辭即與內辭不異彼傳歸粟更云諸侯歸之則此戍陳亦是諸侯同戍襄三十年澶淵救災具列諸國故定五年歸粟不復歷序諸侯則此亦以救陳

之文具列諸侯故於戎之文獨言魯戎也彼傳云義邇也
不足具列則此亦以其事可知故經文不序范云魯者解
經之獨立文也　傳善救陳也　於公之至下言之者春
秋注善以內故書公至下重發　六年　傳中國云云
重發傳者非兵滅故重明之由別之不別也言繒所以滅
者立嗣須分別同姓而繒不別也舊解云別猶識也言繒
君唯失之國須立後不能分別異姓之不得齊侯滅萊
左氏以為齊遷萊子於郳故不書出奔公羊以為萊子出
奔不知死也死不書舉滅為重此無傳未知所從　七年
傳三十至辭也　三十是禮而書之者為三十不從及四
月不辭時故也乃者亡乎人之辭也復發傳者嫌三十卜禮不
當責無人也　小邾子來朝　左傳小邾穆公也　傳曰

卒時葬正也　釋曰葬在八年此處之者以鄭伯彼弒而同正卒既同正卒宜云正葬故連言也重發正卒之傳者今比弒而同正卒嫌與他例異故明之也　八年　正月公如晋　傳例往月危往也今書正月者以鄭伯歸晋受禍陳侯畏楚逃歸明晋之不足可恃而公往朝危之道故書月也　傳公子病矣謂侵是淺事所以得公子者由公子病弱矣徐邈云公子病不任為將帥故獲之　傳見魯之失正也以公在晋未及告公大夫為會故云失正也

九年　宋災　公羊以為大者曰災何休云大者為正寢社稷宗廟朝廷也小者非宗廟社稷也又曰內何以不言火甚之也者何休云春秋以內天下法故雖有小火如大災又云外災不書此何書為王者之後記災也此傳直云

故宋也徐邈云春秋王魯以周公為後王以宋為故也是亦為王者之後記災也今范獨云孔子之先宋人故記其災以黜周王魯乃是公羊之説今乃徐取以解穀梁故范不從之 傳不異至鄭也 舊解以伐鄭之文在上即同盟于戲明鄭在可知故不異言也善得鄭言鄭服心同盟故以為善既善得鄭則无是恥所以不致者耻不能據鄭也謂既盟之後楚即伐鄭恥不能終據之故不致也又一解不異言鄭謂會伐無鄭伯之文今不序是不異言也所以不異者言善得鄭也嘉其服心受盟比之襄舊同好然故不異言也既 得鄭又以為恥者當時鄭雖受盟楚即伐鄭 不能終據鄭故以為恥也 十年 傳會又會外之也 重發傳者五年戚會不殊吴今殊之故復發傳

注復夷狄故舊解戚之會抑繒進吳故不得殊會今宜當復夷狄故會以外之或以為戚會以吳行進故不殊之今在後更為夷狄之行故外之　傳遂在遂也　傳言遂直遂也者是繼事之辭不須云日今加甲午始云遂滅與凡遂異故傳言之　注此日蓋為遂耳。傳陽卑國例當遂耳此經言日故范云蓋為遂耳為遂者欲見不使中國之君從夷狄之主也　傳會夷狄云云僖二十六年公至自伐齊傳曰惡事不至此其致之何也危之也彼亦是以蠻夷伐中國傳摠釋之今分別兩言者當以直會夷狄直為惡事二者俱不致會夷狄不至者成二年蜀之盟是也惡事不至桓二年稷之會是也今公從夷狄為祖之會又滅傳陽二事故摠釋耳傳於此見存中國之文者雖澤之會諸侯失政從此之後日益陵遲又會夷狄之人以滅中國惡事之甚故書公至以存之僖二十六年傳云危之此云存之者此云存之者彼尚未陵遲故直云危之公此時微弱之甚故云存中國也　注而滅人之邑　此謂國邑也故上注云畀國月公羊左氏亦以爲國也　傳稱道至上也　哀四年傳云微殺大夫謂之盜而曰上下道者以微殺大夫謂之盜而曰上下道者以微殺大夫即是兩下相殺兩下相殺不志乎春秋此惡鄭伯不能修政刑以致盜殺大夫則哀十三年盜殺陳夏區夫昭二十年盜殺衛侯之兄輒亦是其兄以致盜也兩下相殺既不入于例故云不以上下道其以上下道者當云鄭人殺其大夫也然文六年狐射姑殺陽處父經故兩下相殺之文晉殺其大夫陽處

父是君國之之之辭也則上下之道亦稱其國而獨決其
不稱人稱國以殺大夫有二例以二例不定故不得專爲
上下道稱人殺是誅有罪之文有罪無二例故得決之於
此發例者盜殺大夫初起於此故也　注二年至棄外
釋曰注言此者解其決鄭之意九年鄭於諸侯同盟其年
楚子伐鄭鄭從楚此年又與楚公子貞伐宋是其數反復
也今諸侯則伐鄭當見其無從善之心故不復內之以明
當決絕之若不決絕之當如上二年直云城虎牢不繫之
鄭也」十一年注魯爲次國　魯本周公之後地方七百里
而云次國者據春秋時言之也　傳四卜非禮也　上三
卜爲禮而非此時卜違禮非禮亦非時故重發傳不言免
牲者不行免牲之禮故但言不郊耳　傳不以至鄭也

成十七年夏公會尹子云云伐鄭乙酉同盟于柯陵與此正同彼云公至自會此云公至自伐鄭致文不同者案彼伐鄭同盟于柯陵為公不同於伐鄭以會事為大故以會致此時鄭從楚楚張諸侯畏之故以伐為大事又盟後重更伐鄭故以伐致也　注傳例云云　下十九年傳文傳伐而致辭也　釋曰僖四年傳云二事偶則以後事致此云公至自會正是其常而云不以伐鄭致者以鄭從楚伐之尤難故當以伐為大事但以喜鄭與會故以會致之

傳挈國之辭也　釋曰舊解挈猶傳也行人傳國使會命故云挈國之辭也或為挈為舉謂傳舉國命之辭理亦通耳但與注乖行人之舉有六傳之所發者三也昭公八年丨楚人執陳行人于徵師傳曰稱人以執大夫執有罪

也稱行人怨接於上也襄十八年晉執衛行人石買傳曰稱行人怨接於上也此云楚人執鄭行人良霄傳曰挈國之辭也徵師云稱人執有罪則此挈國之辭而被囚執亦是亦〻有罪也石買云稱行人怨接於上則良霄亦然也是其文互相通也傳舉三者則定六年晉人執宋人行樂祁犁七年齊人執衛行人北宮結昭二十三年晉人執我行人叔孫婼亦然也是稱人以執有罪石買稱行人怨接於上明君之於臣兩舉失之也執大夫稱人又有二義莊十七年齊人執鄭詹傳曰人者衆人也以人執與之辭也僖四年齊人執陳袁濤塗傳曰齊人者齊人也不正其踰國而執之〻也桓十一年宋人執鄭祭仲傳曰宋人者宋公也其曰人何也貶之也是有二也案經例執大夫皆稱人而

執未有稱公稱者而云貶宋公齊侯何也斯有旨矣然執
大夫得其罪例當稱人經因事以明義若被執者有罪則經
稱人以見罪若執人者有罪亦稱　以見惡齊侯為踰國
稱宋命公人逐君故貶之也稱人以明不正也縱使例執
得其罪未有稱公侯之文其齊宋二君亦當貶從稱人之
限故經雖同常文傳則分而別之所謂善惡不嫌同辭不
可以一槩求之矣祭仲不稱行人舊解私罪不稱行人或
當行人故也　十二年　注蓋為下事起　范之者以伐
國不言圍邑言圍邑有所見明此為下事耳　十三年
夏事郣　公羊以郣為邾婁之邑此傳雖無説蓋從左氏
為國也　十四年　正月季孫云云　何休云月者刺諸
侯委任大夫三年之後君若贅旒然胡月之落雖不注或

以二卿遠會蠻夷危之故月從何說理亦通耳　注諸侯
至其惡　桓十五年五月鄭伯突出奔蔡十六年十有一
月衛侯朔出奔齊又十一年鄭忽出奔衛侯亦文承九月
之下是例月也若然昭三年冬北燕伯款出奔齊二十一
年冬蔡侯東出奔楚而書時者彼蔡侯東時為公如晋不
當月故時也其北燕伯時自為大雨雹故亦畧其月文當
當時與月同唯書日有異也然此書日以著衛侯之惡則
昭二十五年九月乙亥公孫與齊亦是明公之惡也或可
詳內不可以外例准之然衛侯朔出奔齊傳曰朔之名惡
也天子召而不往彼亦惡而書名則北燕蔡伯蔡侯之徒
亦是書名以見惡也今衛侯以惡甚而書日所以不盟者
鄭忽出奔衛傳曰其名失國也衛侯雖惡甚以其不失國

故不名以見得國入書名以明惡也曹伯負芻無罪故出不名則衛侯鄭入書名者亦惡可知也然衛侯朔亦得國而出書名者以天子絕之故也則蔡侯東北燕伯款亦為失而名也鄭忽桓十五年稱世子忽復歸于鄭亦是得國而書名者以其微弱罪賤之故失〻日其名失〻國以後雖入國不能自安故亦與失國同也又忽世子於君少異故彼注云其名謂去世子而但稱忽是也公孫於齊不明〻者為內諱也一解以衛侯不名者出奔書日以見罪惡甚故不復名也理亦通耳　十五年　劉夏云云　公羊以劉夏為天子下大夫今范云非卿則亦為下大夫也此時王者案世本本既〻當頃王也　十六年　晋人至以歸　諸侯不得私相　執之以歸非禮明矣　十七年　九月大雩

前年大雩不月此月者僖十一年傳曰雩月正也是九月八月雩得正也故月前年雩不正時也　十八年注怨其君至在上也。稱人以執是執有罪范云明使人者謂稱行人者明罪在君上故云明使人非謂稱行人以罪晋也重發傳者楚是夷狄嫌晋之主盟當異故重發之傳非圍至疾矣。知非圍者以十九年經云自伐齊不以圍致故也傳言非圍而曰圍者經不實言之意齊有齊焉亦有病焉謂通同圍之意雖有大國焉亦有惡焉病猶罪惡也謂數伐魯以數伐魯又復國大故稱同圍之耳非大而足同與覆上齊有大焉諸侯同罪之意也謂齊若非大國何須諸侯同罪之也亦病之矣謂齊是大國諸侯共同罪之之必為大國所讎是取禍之道故云亦罪惡矣言諸侯與

齊同有罪惡也　傳閔之也　僖四年許男新臣卒彼內
桓師故不地知言卒於師者皆閔之也　十九年　傳或
執至其地　據此傳文事實在邾不關於齊而以伐齊至
者以明齊實盟後又或執其君或取其地與盟後復伐無
異故托事以見意罪執晉君惡魯取地若其實不伐齊亦
不得以托至也　傳軋辭也　公羊以為漷水移入邾界
魯隨而有之今云軋辭者軋為委曲經言自漷水者委曲
之辭也一解軋辭者軋謂委曲言取邾田委曲隨漷水為
界之辭言其多也　傳其不日惡盟也　謂執君取地
傳還者至辭也　重發傳者嫌內外異也何休廢疾難此
云君子不求備於一人士匄不伐喪純善矣何以復責其
專大功也鄭玄釋之曰士匄不伐喪則善矣然於善則陳

君仍禮未備故言乃還不言乃復作未畢之辭還者致辭
復者反命如鄭之言亦是譏士匄不復命也然如鄭意以
乃還為惡乃復為善則公子遂至黃乃復又為惡之者彼
以遂為違君命而反故加畢事之文欲見臣不容公命與此
意少異此既善不伐喪復為事畢之辭則是純善士匄故
以未畢之辭言之　二十年　注所惡陳侯　知非惡光
者以傳例非為善自其歸次之以二十三年云光自楚于
陳又且專之稱弟罪衛侯則光稱罪陳侯也故鄭釋廢疾
亦云惡陳侯也　二十一年　傳以者不以者也　重發
傳者此非用兵之以故昭五年莒牟夷以牟婁及防茲來
奔傳曰及防茲以大及小也是小大不敵故當及令不言
及為小大敵故也　日有食之　此年與二十四年皆頻

月日食據今歷法無頻食之理但古或有之故漢書高祖本記亦有頻食　傳庚子孔子生　仲尼以此年生故傳因而録之史記世家云襄公二十三年生者馬遷之言與經典不同者非一故與此傳異年耳　二十二年　公至自會　此與二十一年公與晉皆月者依傳例月者有危傳不說危之事未可知也何休云善公能事大國案下沙隨會公至不月則何說非　二十三年　傳言救云云　釋曰後言次為非救則以僖元年先言次即是救彼傳云非救者其實言次則並是非救但傳各隨其本意而釋之鄭辭言之詳矣　二十四年　傳五谷至大侵　釋曰二谷不升謂之饑今經云大饑故傳云五谷不升也謂之嗛謂之康嗛是不足之皃康是人荒之名五谷不升謂之大

侵又謂之大饑者以經云大　是傳文順經言之經所云大饑者謂五谷不熟　其實大侵者大饑之異名通而言之正是一物也傳欲　已種之　故異言之耳徐邈云有死者曰大饑無死者曰大　何休云有死者曰大饑無死者曰饑並以意言之與谷梁異也注弛廢也至不燕射

凡大射為祭擇士賓射則接賓而射燕則因歡燕而為既國大饑君不宜　故注舉燕射言之其實尚不祭鬼神亦不應有大射賓射之禮故傳以弛侯揔之或以為燕射一侯禮最省故舉之以明余者亦不為之耳理亦通之

注周書云周書者先儒以為仲尼刪尚書之余令據其書則尚書不類未知是與非也　二十五年　注放言至罪甚　失言謂放言語將淫崔氏邵解云謂言語失漏有

過於崔氏范兩載之者貴異說耳　注又云傳載其致弒
之由者正謂傳不更據別文也　注先攻巢　舊解巢楚
竟上之小國有表裏之援故先攻之然後楚可得伐以為
楚邑非也徐邈云巢偃姓之國是也　傳諸侯不生名
重發傳者與失國生名異故也　二十六年　傳此不正
其曰何　知剽不正者以元年稱公孫見經故也　傳曰
歸云云　折既與弒不言入者惡之者傳例歸為喜復歸
則居其兩端故傳復者復中國歸者歸　今喜既弒
君衎何言歸但以與弒故從中　以見惡耳不
言入以明歸罪于甯喜也　注　至其正　釋曰案薄氏
駁云此自發例于大國不明于小不明于小國或詳或畧
許多（男書）春日必正也范荅云春秋稱世子固有非正周之襄

王晉之恭子曹伯射姑亦是例貜且之卒謂于日食之下何以知其不日然則范之此荅據何文得知又周之襄王與公子何以爲别又薄氏之駮不問射姑而范荅探意大過者案左氏襄王是惠后之子明襄王是嫡也故文八年書八年戊申天王崩恭世子是獻公烝父妾而生僖五年被殺不日故知雖世子仍非嫡也薄氏之意見射姑稱世子而卒不稱日故駮云發例于大國小國自從詳畧故范以射姑非正荅之據陳侯欵僖七年寗毋之會亦言世子至僖二十八年書卒之上亦不日明稱世子亦有非正也捷菑既貶則貜且是正故知貜且之卒蒙上日食之文可知襄王正恭子不正而亦引以爲例者欲明襄王正而稱世子申生不正亦稱世子據此言之明有不正而稱世子

者　二十七年　傳涉公事矣舊解國家之事危若涉海
以水行爲喻也徐邈云涉猶歷也傳織絇邯鄲麋信云
絇者著屨爲之頭即周禮絇繶及純是也　傳晉趙武云云
豹云能恭獨言趙武恥之者趙武恥溴梁之會大夫不臣
故令帥諸侯大夫爲恭故歸功趙武也傳言豹云者據前
稱氏後直名也　二十八年　公如楚　釋曰書月者何
休云危公朝夷狄案下二十九年公至自楚傳云喜之也
則何說是耳　二十九年　傳致至義也　釋曰於此發
之者以公遂之荊蠻故傳特發之明中國亦同也　傳閽
門至仇之也　稟二儀之氣須五常之性備然後爲人閽
者虧形絕嗣无陰陽之會故不復齊於人以主門晨昏開
閉謂之閽以是奄豎之屬故又謂之寺人也不狎敵不邇

怨者言為人君之道外不得狎敵内不得近怨何者吴過
以狎敵蒙禍余祭　怨害身固不可狎敵近怨也賤人非
所貴謂卑賤之人無高德者不可卒貴貴人非所形謂刑
不上大夫故不可刑之刑非所近也謂刑罪之人不可信
近之今吴子以奄人為閽是近之也舉至賤而加之吴子
近刑人也謂經書閽弑吴子余祭者譏其近刑人也　注
怨仇余祭者譏其近刑人也　注怨仇余祭　國君不仇
匹夫犯罪則誅之故知是昏怨也　傳變之正　諸侯恤
灾救危是正今大夫為之故云變之正也傳成尊於上也
謂晉吴稱子上謂君也　傳從史文也　傳言從死者
以時有直言燕者故仲尼從史文也　三十年　注比之
至同例　釋曰何休廢疾云蔡世子班弑其君固不日為

之夷楚世子商臣弑其君何以反書曰邪鄭云釋者曰商臣弑父曰之嫌夷无禮罪輕也令蔡中國而又弑父故不日之若夷狄不足責然公羊有若不疾乃疾之推以流此則无恠然此注之意與鄭君釋廢疾大旨同也但解商臣之弑書日少異耳何者鄭云嫌夷狄无禮罪輕故日徐乾云閔其為惡之甚故日是少異也昭十九年夏五月戊辰許世子止弑其君買傳云日弑正卒也與此異者彼以實不弑君而書日故與此異也　傳取卒云云外灾例時令伯姬之卒故進日在上以明灾死也伯姬之婦道盡矣為共公卒雖日久姬能守夫在之真謂之婦道盡矣　傳況於天子乎　嫌天子之殺弟異於諸侯故以輕況重舉重以明輕見輕重之道並見矣　傳外夫至葬之也　外夫

人卒亦不書而云不書葬者傳夫ㄥ外夫人不葬者謂魯女
嫁於諸侯者唯當書卒不合稱葬非謂不是魯女也
傳不言夫人惡之也　襄二十三年晉人殺欒盈傳曰惡
之弗有也彼云不有則此亦然也重發傳者嫌入復入異
故也　傳曰不日至於子也　成十五年秋八月庚葬宋公
公傳曰月卒者葬非葬者也此云不日卒而月葬不葬者
也重發傳而文又異者傳例諸侯日卒時葬正也明違此
即非正故兩文以明之又解一弑一卒經文有日月之殊
故重發傳而文異日月有殊者宋共則日葬景公則月葬是
殊也宋襄失民不葬此失民書葬者此即是於失子非失
民若實失民則直稱人以弑傳曰不忍使父失盟ㄥ於子也
是非失民何ㄥ知傳云不忍使父失民於子者言若書葬則

與失民同故云然也　晉人齊人云云　釋曰公羊傳云卿則其稱人何貶也曷為貶卿不得憂諸侯也左氏以為不歸宋財故貶此傳云其曰人何救災以衆是三傳異也或當此會趙武亦在但取救灾以衆故不顯名也　傳无侵伐八年　徐邈云晉趙武楚屈建感伯姬之節故爲之息兵其意以為諸侯閔伯姬之賢故歸宋財為澶淵之會此不相侵伐連會言之故知為伯姬也范氏不解理未必然言感伯姬歸宋才事亦可矣豈以一婦人之真國則息兵八載人情測之必是未可又且傳稱趙武屈建之力則無侵伐不由伯姬矣若然則此會不書楚人則無楚屈建若據此後言之昭元年即楚靈王即位不得云无侵伐八年若據六年澶淵之會言之何如彼有趙武屈建唯二十

七年見經而云屈建之力者案左氏晉趙武以二十五年爲政二十六年澶淵之會晉人列在鄭卿之上明是趙武但恥溴梁不臣故屈於澶淵也其實晉人者趙武是為政起於二十五年再會澶淵一會又昭元年會于虢而中國安屈建雖一會于宋外寧夷狄是屈建之功傳恐連公子圍之事故以屈建别之故式氏云相晉國於今八年亦從二十五年數至昭元年也傳連此澶會言之者以諸侯靜兵由趙武功力此歸宋札亦是趙武為以其息師故得憂灾恤患是以連言耳　三十一年。傳子卒日正也。未踰年之君弑死不日文十八年子卒是也莊三十二年子般卒書者以有所見故也今子野正卒書日嫌與子般同故傳發之以明昭公之繼正也

春秋穀梁疏卷第九

春秋穀梁疏卷第十

昭公

唐國子四門助教楊士勛撰

魯世家昭公名稠襄公之子以周景王四年即位謚儀恭明曰昭　元年　傳繼正即位正也　重發傳者嫌繼子野非正故明之　注鄆魯至不服　案左氏鄆為莒邑范知魯邑者以經有城諸及鄆之城此鄆不繼莒故知魯邑也公羊傳曰鄆者何内之邑也其言取何不聽也何休云不聽者叛也是范所據之文也　傳親而奔之惡也　重發傳者陳侯之弟稱歸為无罪此鍼後无歸文則罪之輕重既不可知故傳云親而奔之惡也明與陳光同耳　注襄五年注詳矣　釋曰桓二年亦有文而注言襄五年者桓二年侖郜鼎之事襄五年則同侖地事故注指之

莒展出奔吴　釋曰展簒踰年不稱爵者徐邈云不為内外所與也不成君故但書名理或然焉　叔弓至鄆田　鄆是魯邑所以帥師者公羊以為與莒接竟故帥師是畏莒故以師正其界　二年　傳恥如至疾也　釋曰案公之乃復凡有五文唯二十三年經云至河有疾乃復自余四者皆不云有疾而傳曰著有疾者公為季氏所詐恥如晉不入故皆書曰乃復者即是託有疾之辭非是疾也故傳云恥如晉故著有疾也二十三年實有疾而復故經言有疾以別之　注公凡四如晉　釋曰此文一也十二年二也十三年三也二十一年四也二十三年經云有　故不數之耳　傳惡季孫宿也　此云惡季孫宿十二年又發傳耳季孫不使遂于晉者季孫宿以七年卒十二年譜

君者意如見其累世故惡故傳重明之若然十三年乃復者意如見執之下意如身尚被執安得為諸公者彼公不盟亦坐意如意如先以諸公被執之日又自雪旡罪晉人聽其言而不受公故經言乃復之文與十二年同盟亦是意如譖公何知也　三年　五月葬滕成公　何休云月者上葬襄公諸侯莫肯加禮獨滕公來會葬故恩録之谷梁以月葬為故必不得從何説或當有故但經傳不言耳重發傳者前高止之奔欲明從史文今北燕伯出奔亦曰北燕伯嫌目名之故重曰從史文舉者以明例故於後不釋　四年　左氏為雹故范疑之云或為雹也　僖二十一年執宋公不言楚此云楚人執徐子者被欲見諸侯同執且不與夷狄執中國故不言楚人此時楚強徐又夷

也故云楚執不言歸者蓋在會而執尋亦釋之故不言所歸也　舊解凡日月之例多施於内不止於外而云謹而月之者以四夷之盛吴楚再(最)甚從此以後中國微弱禍害既重書亦宜詳故注并引定四年三月公會劉子以下于召陵侵楚爲證猶莊六年子突王者之師挫於諸侯僖十五年齊桓伯者之兵屈於伐厲故亦是月是其義也徐邈云伐而(不)月而書月者爲滅例書理亦通也内外之會内爲兵(吴)外謂衆同也　執楚慶封殺之(傳弑其至者乎)　釋曰元年楚子卷卒不云弑此云弑者彼爲密弑之托以疾卒楚无良史告以以(不)實故春秋從而書之傳因慶封之對以起其事則篡之罪亦足以見也　傳孔子曰上云春秋之義足以見罪又稱孔子曰者靈王夷狄之君欲行伯者之事嫌於得善故

引春秋說明之後言孔子以正之　九月取繒　襄六年
莒人滅繒｜今又云取者彼以立莒之公子爲後故以滅
言之其實非滅故今魯得取之不云滅而云取者徐邈云
諱故以易言之事或然矣　五年　以者至地也　重發
傳者庶其以邑來而不言及此以邑來言及黑肱則不繫
濫故各發傳也此傳獨言重地者舉其中以包上下也
秦伯卒　左氏以爲同盟則名同盟而不名皆從赴公羊
以爲秦伯不名者秦夷也匿嫡之名其意云嫡子生不以
名告國中唯擇勇猛者而立之又云秦伯罃及稱名者嫡
子故得名之言獨二人以嫡得立也此傳於隱七年滕侯
卒云无名狄道也則此秦伯不名也｜佀用狄道也又隱八
年宿男卒傳曰宿微國也未能同盟故男卒也據彼則是

未同盟者則不赴以名案秦之諸君卒經或名或不名則是非同狄道盖同左氏未同盟故不名也徐邈云秦伯不名用狄道也恐非耳　六年　杞伯卒益姑卒　不日卒者盖非正也　七年　傳平者成也　舊解平者善事也當同以為之而不得已而為之是亂道也故釋之為成言成亂之辭耳或當成平義通故展轉為訓　傳涖位也重發傳者嫌公如楚恐婼非是君命故發之明婼非受命也　傳王父名子也　傳言王父則祖也范云欲傳人重父命也者父受名於王父王父卒則已命子故傳注兩言之其並存者則不諱若卒哭以後无容得斷君名若舍名而稱字耳　八年　盡其云云　釋曰盡其親者招前稱公子明有先君之親今變文言弟彰是今君之親二稱

並見故云盡其親也然昭元年稱公子不關殺偃師而亦
言之者以變公子之文而稱弟故者并言之也十三年殺
公子比不言楚此云陳世子者體國重故繫國言之公子
繫君故不繫國也若然下云殺陳孔奐繫陳者楚人殺他
國之臣故繫國　注惡招　此稱弟惡昭元年稱弟惡陳
侯者光有歸文見經明知光有罪今招親殺世子故知稱
弟以惡招也　傳稱人至上也　釋曰重發傳者嫌楚殺
為甚恐其死罪故重發傳以同之　春蒐于紅　傳云正
也而經書者范云例云蒐狩書時其例有九狩有四言蒐
有五稱狩有四者桓四年狩于郎一也莊四年狩于郜二
也僖二十八年狩于河陽三也哀十四年西狩獲麟四也
蒐有五者此蒐于紅一也十一年大蒐于比蒲二也二十

二年大蒐于昌間三也定十三年大蒐于比蒲四也定十
四年又大蒐于比蒲五也范又云者凡書者皆譏也昭八
年秋蒐于紅傳云正也而書春之者明比年大蒐失禮故因
以正見不正也是范意將秋蒐得禮欲見以正刺不正故書
之范例又云罯械皆常故不云大言　罯械過常狩言
公此不云公者狩則主為游嬉故言公蒐是國家常禮故
例不言公也然則蒐狩書者皆譏而傳云因蒐狩以習用
武事禮之大者據得禮者言之范云比年失禮謂罯械過
常又失時是也　傳艾蘭至力也　蘭是草之貴者地之
希有之物而云艾蘭為防者廣澤之内與衆同生艾之為
防則蓬蘭同翦故舉以包之置旃以爲轅門謂以車爲營
舉轅爲門又建旃以表之故云置旃以爲轅門以葛覆質

以爲蓻質者門中之木椹謂恐木椹傷馬足故以葛屮覆之以爲蓻葛或爲褐者爲之毛布覆之徐邈亦云恐傷馬足故以毛布覆之毛詩傳云褐纏旃以爲門裹纏質以爲蓻與此異也流旁握御轚者不得入徐邈云流至也門之廣狹足令車通至車兩軸去門之旁邊一握握四寸也轚者不得入轚謂挂著若車挂著門則不使得入以恥其御拙也觀范之注似與徐邈同或以爲流旁握者爲建旃表門之流旁去車之兩軸各一握也古字同通故傳作流理亦通也但與注少僻耳范注兩軸頭本或作轊者兩轊兩軸止是一物故鄭玄注少儀亦以軸爲轊也車軌塵謂驅車塵不出軌徹馬候舊解四蹄皆發後足躡前足而相伺候與范注亦合耳揜禽旅旅众也謂掩取众禽然禮云不

掩羣者謂不得不分别大小一羣盡取之今雖掩衆禽在田則簡其麛卵之流而放之射訖則擇其面傷之徒不獻之以習軍禮則亦不掩羣之義也　古之云云　謂田獵之時務在得禽不升降是勇力也射宫之内有揖讓周旋是仁義也田雖不得會射中則得禽是貴仁義而賤勇力也舊解以為射宫之内還射死禽中則取之故以重傷為難論語稱射不主皮則射皮不射禽也　傳惡楚子也惡之者謂滅人之國又招有罪而放之與無辜反殺之有三事之惡故貶而稱師也傳知是楚子者以九年經叔弓會楚子於陳知滅陳亦是楚子但是惡之故貶稱師也不貶稱人而言師者以楚恃彊滅國著其用大衆故云師若貶之稱人嫌是賤者故不言人矣　傳閔之也　傳解滅

國不葬令書葬者以楚夷狄無道滅人閔陳之滅故書葬以存之　九年　注故畧而不月　釋曰僖元年夏六月邢遷于夷儀三十一年十二月衛遷於帝丘皆書月而許遷不月故知是略也　傳國曰者火不忝　傳言火不志則是無例而云國曰災邑曰火者火不合志志者皆義有見此書者以見不與楚滅義在存陳也陳滅不可以比全國故以邑錄之既以邑錄之則不得與國同文國邑文既不同傳宜顯變例故云國曰災邑曰火　十年　十有至成卒　何休云去冬者蓋昭娶吳孟子之年故貶之范既不注或是闕文也　十一年注晉獻至明矣晉獻公殺世子申生故不書葬痤若無不子之行而平公殺之所以書葬者申生賢孝遇讒而死故黜獻公之葬痤雖無不子之

微有小罪故不黜宋公之葬若然范云甯所未聞　不直取何休之說故云未聞范以與何說異者何　謂痤有罪如鄭段之比故平公書葬不論罪之輕重　意以鄭段至逆經不言弟痤若不子亦不應云世子既云世子明無至逆故不從何說而云未聞今以罪輕重解之與何休異　注據諸侯不生名　釋曰十六年楚子誘戎蠻子殺之不名所以不據之以明於例而摠云諸侯不生名者以傳於鄭伯髠原之卒亦言諸侯不生名又恐華戎異例故注以廣問衆例言之　傳夷狄云云　注凡罰當其理雖夷必申苟違斯道雖華必抑似華夷討罪事同傳云夷狄之君誘中國之君而殺之故謹而名之又似華戎事異者據此傳意就討不以罪之內則華夷不同注意言但罰

當其理者則華夷不異知然者傳以春秋書誘有二皆楚子所爲其罪或名或不名據此二文詳略知誘中國君與夷狄君異也注故莊王得為伯討齊侯不得滅紀明討得其罪者則華夷不異可知也　注蔡侯至以也　殺父者謂襄三十年蔡世子般弑其君國是也禮凡在官者殺無赦禮記檀弓文兩立之說所以謂之兩理者楚殺徵舒則傳云討有罪楚殺蔡般則傳云夷狄誘中國之君故名之同論楚討二者意異故云兩理也又解兩立之說謂兩事立說或以為不字下讀云不兩立之說謂事不得兩立恐非也又云伐弑逆之國謂蔡也誅有罪之人謂里克也而有累謹之名者晉殺其大夫里克傳云稱國以殺罪累上上也是謂晉惠也楚子誘蔡侯傳曰謹而名之是謂楚靈

也　注夏而至忘危　傳稱夏曰苗秋曰蒐今五日大蒐
自是用秋蒐之理而云蓋者以傳無文解故云蓋以示疑
也注又引傳曰正也今以失時之蒐故引正以譏不正也
註故謹而日之　傳例滅中國日則此書日爲滅而云惡
用蔡世子友故謹而日之者滅國書日傳例以明用人書
日其文未顯注嫌用之不得蒙日故特言之其實二者皆
當日又檢上下執例日則書日爲惡故云謹而日之也左
氏以爲用之殺蔡世子祭岡山公羊以爲用之築城令范
引僖十九年傳則用之祭社也傳此子也至子也　世子
父没仍得稱世子母弟兄死而不得稱弟者世子繼體之
名父雖没若意有所見則亦得稱之母弟者對兄没則寵
名棄矣故不得稱弟　注滅蔡者楚子　經稱公子棄疾

帥師圍蔡鄭知是楚子者以棄疾若貶當云楚人今貶而稱師故知楚子也又傳云惡楚子也明非棄疾然則惡子楚子變文云世子者以楚四年之中滅兩國殺二君自謂得志若遂其凶暴是表中國之衰申夷狄之彊故抑之使若不得其君故云世子也　十二年　傳燕伯之不名何也　楚人圍陳納頓子傳曰納者何內弗受也彼稱納而不名衛侯入于夷儀亦不書名乃是常事而傳怪燕伯不名者衛侯朔入于衛傳曰朔之名惡也則諸侯有惡出入皆名此燕伯亦出入宜名但不以高偃挈之故直出書名而已頓子不名者爲楚微者所納故亦不名衛侯入于夷儀不名者以復歸有名故未入國略而不名也鄭伯突亦未入國書名者以後不書復歸故入櫟書名也　傳季孫

氏不言意如而云氏者欲見累世諸公故也　傳夷狄交伐　麇信云夷狄交伐謂楚伐徐晉伐鮮虞是也范云夷狄謂楚也則與麇信不異耳　注鮮虞至意非　鮮虞姬姓白狄也者世本文也云甯所未詳是穀梁意非者疑鄭以厥慭之會謀救蔡者作穀梁意也若然范荅薄氏亦言楚滅陳蔡而晉不能救棄盟背好交相伐攻者范云以楚滅陳蔡晉不能救者不據厥慭之會故也　十三年于乾溪　左氏以為田獵于乾溪公羊以為作乾溪臺三年不成范云乾溪楚地則從左氏也　傳自晉晉有奉焉爾　重發傳者楚比之歸歸實非篡嫌自亦非晉力故復明之　注自宜別書之　齊小白入于齊齊人取子糾殺

之齊陽生入于齊齊陳乞弑其君荼彼各異書明知此亦
宜别書之　傳弑君云云　弑君日不辨嫡庶者中國死
者正則日不正不日是楚不關中國之例故范注引商臣
為諡也。當上之辭也者謂不稱人以殺而云公子棄疾殺
公子比如王札子殺召伯毛伯也　傳比不至故嫌也
比歸稱公子今棄疾殺之亦云公子不言弑其君是比无
欲爲君之嫌異于无知祝吁之類也然无知祝虚有嫌此
亦不稱君未踰年之主例不得稱君以稱公子則異于祝
吁之類齊公子商人弑舍雖未踰年欲成商人之罪而稱
君若成棄疾之罪亦應稱君故范決其不言弑者其君也
春秋不以嫌代嫌者謂比歸而遇弑雖則无嫌棄疾之意
亦以比欲爲君之嫌而殺之是棄疾以比爲嫌棄疾殺比

而自立亦是嫌也今棄疾不以國氏者不以嫌代嫌故也若以嫌代嫌而當云楚棄疾殺公子比也但由不以嫌代嫌故存棄疾之氏耳棄疾主其事故嫌也傳言此者棄疾殺比理實有嫌但為不以嫌代嫌故經无其事傳以棄疾經無嫌文故云棄疾主其事故嫌也主其事者主殺比之事也　注當從外盟不日　知外盟不日者隱八年傳曰外盟不日此其日何也諸侯之參盟於是始故謹而日之是非始則不日也　注於盟至之義　釋曰注言此者解傳稱謹而日之意也於盟則發謹而日之美者謂傳稱其日善是盟是也於歸論至美之义者謂傳云善其成之會而歸之故謹而日之是也　傳使如至滅也　傳言此者據其稱爵言歸同於舊有國之例也不與楚滅也謂不與

楚滅故以失國辭言之不言復歸者雖同失國之辭實未
嘗有國故不得言復歸也公羊傳云此滅國也其言歸何
不與諸侯專封也其意不與諸侯專封故使若有國自歸
者穀梁以此會劉子在焉楚以無道滅二國諸侯王命存
之不得云不與諸侯專封也故以爲善其成之會而歸之
狀同舊有國然且又不與楚滅　也　注變之至不葬
彼不赴我不會及小國　夷狄不書葬者也舊史之常也
言變之言不葬　謂舊合書葬有故而仲尼改之也小國
不葬曹許之書葬者小國謂附庸之屬非曹許也　傳失
德云云　此言失德不葬宋共書葬者由賢伯姬故書其
葬也弑君不葬春秋所以有弑君書葬者弑君賊不討之
不書葬是正也其書葬者皆意有所見也蔡景不忍使父

失民於子陳靈公明外之討賊蔡昭以盜名不見若死殺
微人不足可録其衛桓齊襄二人並討賊故皆書葬也滅
國無臣子不葬是其正也書之者亦意有所見此見
楚滅蔡滅且成諸侯之事八年陳哀公書葬者亦見
楚滅閔陳而存之也」十四年　傳大夫執則致　義異故
各發傳也　八月莒子去疾卒　不正前已見訖今卒書
月莒行夷禮故無嫡庶之異」傳曹莒至異也　傳言此者
摠而言之則小國無大夫也就事而釋則曹莒有異故傳
辨之　注曹叔至之國為　曹是文王之子封於曹者世本
文在向服之内者定四年左氏文　十五年　傳曰禮也
禮則不疑而曰有變以聞可乎似有嫌嫌則非禮非禮何
以言禮也解云祭祀重禮國之大事一物不具則為失所

以卿佐之卒而闕先君之樂而不止祭嫌有失禮釋之復
言可乎問言禮意　傳君命無所不通　解命告也大夫
與君一體情無疑二祭祀雖重以卒告君君當哀其喪而
止祭不得　廢重故死可以聞也　十六年　意如如
晉　葬上解去有
傳進楚　所有別
客主不施直不言及或在上或在下案宋襄伐　云及在
上所以惡宋襄宣十二年邲之戰楚言及在下所以不惡
楚者據無罪言之直用兵得理則客直　楚稱及而在上
與邲戰之義反嫌惡楚而善吳吳以伯　辭序上稱及
以罪楚兩夷言戰有違常例二國　直得失未分故須起
例起例而明之　十八年　傳其志至以同日　釋曰二

文釋何解襄九年宋災傳曰故宋也明外災得書之由然則
宋常録三國事非常也故傳曰同日也解衛陳鄭得書之
意以此故復問外災不日之義見同日故不得不兩文釋
之鄭子産之言明天時人事報應有驗重其同日故經書
其文傳其事劉向　爲宋陳王者之後衛鄭之周同姓時景
王在劉子單子事王猛召氏立王子朝朝楚之出也及宋
衛陳鄭皆外附於楚無尊周室之心後三年崩王室亂故
天災四國若曰不救反從楚發世子言不正以害王室明
以同辜　十九年傳正卒至責止也　責止則實實文
不可虚加而復書葬以赦解止進藥之罪不由於醫罪連
於許君故書弑責止止實不弑宜書葬以赦之春秋子弑
父皆非子失教訓之道獨於此見之何有義而然因其可

責而責之若商臣蔡般之流行同禽獸不得為小人非可
責之限故傳詳例於此　二十年　傳曹無大夫　再發
傳者何解前崇曹羈之殺此重公孫之奔奔殺異辭而同
例發明明其俱賢而得書明小國無大夫　傳盜賊也
復發傳何解殺大夫稱人者謂誅有罪故盜殺三卿云不
以上下道明大夫之例毋兄之殺宜繫於君自殺也不能
保存毋兄令爲盜所殺故書兩下之文以至賤而殺至貴
故不得言上下道稱盜雖同本事例異故發傳也　注月
者蓋三卿同至害重也　釋曰宋萬以一卿而詳之又弟
辰以五大夫而不月何解　萬及出月見宋人不討賊致
令得奔故謹而月之弟辰爲仲佗所彊元無去意爲忠輕
故不月　二十一年　自陳至焉爾　復發傳何解從外

之叛而加自自實有力嫌其言自叛不由外納内復言内
弗受也與入邑異例不受爲同復言以有嫬異於竊盜地也
者故發例同之　注言不作亂　釋曰則作亂不得言叛
當以作亂書欒盈良宵是也傳言叛是與作亂異也　二
十二年　傳秋而至蒐事　釋曰何以發傳於此解大蒐
有五八年發例見正譏不正比蒲之蒐在夏之末承秋之
初尚可以蒐此則承春之首不可之甚故須發傳以彰甚
也　六月葬景王　何以不書日解傳言日甚矣其不葬
之辭恐其甚不可明日之起之令經言王室亂則甚之可
知故省文也　傳以者不以者也　復發傳何解劉單王
之重卿猛王之庶子以貴制庶嫬其義別起例以詳之也

傳失爓也　經言王猛以王尊何以言當國　春秋以
王為國若言齊晉今言王猛不言子與無知同文故曰當
國也　二十三年　注不日在外也　案諸侯之卒不日
人明庶不以外為異傳曰諸侯時卒惡之今東國奔雛何
以書月解許用新臣卒上言伐楚下言卒死明其在楚度
子而卒卒而不日書時在外大平明故也蔡侯肸在內而
卒卒不書日傳曰惡之今蔡侯東國上言東以貶之下言
言卒於楚諸侯之奔例不書卒今蔡侯之卒見奔雛處國
而死惡之可知以在外以明惡故書月以顯之　注又奔
雛國故不葬　釋曰諸侯奔死於他國例不卒何直不葬
有義而然諸侯不卒則已卒宜有葬葬不書者又有所見
又不必同或從釋例今蔡侯不卒卒於雛國書卒如不葬

傳中國不言敗　釋曰釋有滅案經戰于韓獲晉侯戰于大棘宋師敗績獲華元中國不言敗直言戰于雞甫敗頓胡沈蔡陳許之師胡子髡沈子盈滅足以言敗解言楚人及吳戰于長岸傳曰進楚子然則邲之戰直在楚以中國不言敗今吳無進稱為夷狄故不稱戰及敗績以稱其滅足賢胡沈之君亦明吳之不進也　注與華元同　釋曰國書亦然而无傳釋而經文有異何得稱同解華元有故而止文雖不同盟賢之義不別國書文同而義同也　傳始王也其曰天王至之也　釋曰注云天子踰年即位稱西敬王踰年而出故曰始王天子之稱天王是常禮也而傳云始王注云踰年者未通此傳之意解子猛當國朝亦非正景王以三十一年夏四月崩六月葬劉單二子以王猛居于

皇復入王城冬而猛卒至今敬王踰年而既葬所繼者承（承景王之崩不繼者）
王猛之卒是年七月敬王立當踰年既葬之例此歲尹氏
立子朝將畜神器天下　懼其主無雖復常稱其所在著
其始王也　傳立者不宜立者也　復發傳何解謂晉得
衆言立賢非所宜此子朝失衆獨在尹氏故言立以滷（著）不
宜文同而義異故復發傳別嫌君氏之朝注云嫌朝是尹
氏之子夫國之大事莫善繼統繼統之道匆盛嫡胄繼無
承重宜擇立其次故單子劉子立猛文稱當國其次乎无
命故獨言立言立彰不宜明有篡王之意今周室雖衰鼎
命上四方諸侯稱一人之貴繼成康之道滅典法之文存
祭號大名不可虛置巍巍聖寶寧得空暇鄙以區區之小
而以外孫為嗣書其滅亡以為將來之戒況天下重在（任）豈

得異姓尹氏不擇天道不達人事不自立其子當有同心之授不達之罪御假一朝之勢以集四海之士此理灼然而愚夫之所不或何爲孔子書經游夏爲傳經於不疑之中而彊生疑傳於旡嫌之義而巧出嫌忍朝旡尹氏之子爲當有旨鮮周室大亂骨肉乖離故王猛有篡奪之心單劉懷翼戴之志敬王孤立猛卒之後而朝逆尹氏之世卿婚媾王室禍亂之基固可奪之初自立或招乘釁之衆集負險之盟氏堅氷之際或有旡妄之會經別嫌尹氏不亦宜乎哀亂之世何所不爲鄭立異姓周亦至疑疑而須別別嫌立朝者此其旨矣　傳有疾至晉也　解公之如晉四不得入假言有疾實由季孫之比入今實有疾別　旡實而反也

二十五年　傳一有至中國　者何解

鸜鵒者飛鳥與蜚蝱異稱有爲同故重發傳　來者來中國也何嫌而別發解蜚蝱不言來不見所從麟不言來者欲但於中國不外之傳孫之至奔也。釋曰復發傳者解前前發例於夫人今復發例於公明其同義以別尊卑之辭詳略也　傳弔失國至魯也　釋曰言弔足以釋之復言不入於魯也則曰唁者彰公失國言不得入魯也國事之辭言何以書唁而不詳其文注宋公所以卒於曲棘者欲謀納公　釋曰案諸侯之卒卒在外書地書地縱不納公何以得畧以見義解諸侯卒書地者地有遠近國邑之別故鄟庵非國晉侯因會旦而卒鄭伯未見諸侯之所許男朝楚蔡奔讎國四者地書地有所由今曲棘非國是末踰竟當從鄟庵之例既明矣釋以謀納公為又義叶鄟庵而不

例不異　傳取易辭　釋曰與濟西讙闡同異若何解取
者易之辭易辭之義兼外内外内之釋雖同同而事别異
異則反覆之故曰公取之言非季氏之賂忠臣之意非實
易辭尊君抑臣與濟西同文前不異外之易者實易宋取
鄭師是也　二十六年　注據公但至陽州　後如晉出
致不同傳以見出至解公初至於陽州後如晉乾侯出不
同傳以見齊侯為义雖至陽州可以齊至明乾侯之至不
見晉侯初下二十九年注云以乾侯致不得見晉侯故
傳公在外　又日前不外公言外何解言外者據内生名
公雖出奔臣子不得外公存録之如在國在國之文
實同故言居鄆以别之　傳非國不言圍所以言圍者以
大公　釋曰何解凡邑不言圍指小都都之大者則國此

文是於三家彊大邑過百乘比之小國國家之患良由此
起昭公圍郕邱郈郈人不服而臣之邑不順季氏之權得國
之資圍而不克故以大公爲文然則武定公雖墮三都成人
不肯公伐不克故傳以大釋之書致爲異故傳釋之此不
致者齊无難公之言不以適齊无爲危至如長葛言圍非
常見義乃殊故傳不異　傳義不外公也　復發傳何解
自齊爲虛至自會爲實文與虛致嫌義有殊故發不異也
傳有入无出也　王也傳言周而復始何解彼明上下
一見則同有出文故言周言周有入无出明天王之身入
與出故發傳者也　注奔簒至遠矣釋曰傳言奔直奔也何
嫌而發解非也非責之非責其遠矣獨言遠者傳云於周
公著例見上下之文然則文子瑕不言出是常常文而無

大罪則從例可知故省文至於尹氏周室之微弱而日月不誅子朝使之奔不足可責遠矣則刺諸侯諸侯謂宋衛陳鄭外附於楚子朝之旧華戎同心而叛天子不能誅則宜遠責諸侯乃經解傳宣其責矣傳既責遠愧奔亦異故曰奔直奔也傳曰奔之惡也惡其奔雖子朝之奔奔雖而曰直奔惡諸侯之叛刺其不誅也　二十七年　傳公在外也　釋曰發傳不同而起例何解公前孫而至今如齊不言孫反而言至至言居于鄆故傳言公在外也異義而文別故重言例而文省則義同義同亦在外何如也　二十八年　公如晉　解與發圍國之文同故傳言公在外也明從鄆如齊不釋言次之言在外亦　故　二十九年　傳唁公不得入於魯也復發傳何解前齊侯唁公于野

井野井齊地今來唁公于鄆鄆是魯地魯地而言唁言不
得入於魯國都謂宗廟所在唁有遠近人有尊卑君臣同
文故重發例也　傳皆無公也叔倪之卒事無公而曰皆何
解經言宋公佐卒于曲棘傳言邡公也今叔倪復卒傳曰
乾皆無公也　傳潰之為言上下不相得也　重發起例何
解上下不相得之爲罪與國同故例詳之此年三月次于
乾侯來還于鄆冬而鄆潰嫵自潰不責於公故言亦譏公
也　三十年　傳曰國至公故也　注中國猶國中也
凡言國中指謂魯也中國指其諸夏諸夏爲中國據夷狄
爲外案成昭適晉並踰年而不言在襄二十八年公如楚
二十九年書公在此傳曰閔公也爲楚所致存録之然則
此文中國國中何爲變中國者何解中國踰年不年在親

倚之情如國莫二比之國中不以言中非諸夏且昭以二
十五年出奔二十六年居鄆是魯地不存公二十七年二
十八年亦如之至此寄在乾侯乾侯為晉地明公去魯竟
如入於晉界不復重還遂卒于外雖復生存居地壤于予
來歸來不居茲日故傳以有故釋之所以閔公范例云在
有故言在非所在也　注月者爲下奔起　案滅中國中
日出奔月輕於滅滅夷狄時奔何得更月解荅薄氏云國
不滅而出以月爲國國滅例而出出重發於滅滅夷狄雖時
猶加以月然則溫子不滅而　何以　月有義而然弦
子之奔文承八月之下溫子以　在正月之後何知不月
傳於弦子滅言不日微國微國則　月則不關於君出
君出之重不大於滅國范云出重於滅　既滅其國君不

死難比之常奔恒滅則爲重矣滅在月例者君奔不復加
曰明滅重矣月亦是譚子出月月闕滅國滅國與之同同
例在不日傳之滅國詳略之更於潞子發夷狄之遠例於
鄫亡見中國之變稱義例成矣潞子之空從自盟滅君君
或出奔名爲罪皆有罪故注譚　云蓋无罪今注章羽明
不復疑名爲有罪譚子言蓋曰邾益之名義見矣故章羽
從正例而不疑也　三十一年　傳咺公至魯也　釋曰
復發傳何解范例云咺有三弔失國曰咺咺雖有三弔失
國三三釋一而已不入魯界有三文知言咺嫌與魯異其
言不得入魯明弔失國而異今地晉而受晉納公有可入
之理故言咺公不得入于魯也　傳言來奔内不言叛
釋曰重發傳何解書黑肱不繫邾嫌其專地不責叛罪輕

故言來奔不言叛罪自顯也　三十二年　傳天子之在者唯祭與號　釋曰以此乃言周衰變之正重復起傳何解乎桓之世唯復禮樂出自諸侯猶有享覲之襄王雖復出居猶賴晉文之力札子雖云矯殺王威未甚屈辱至於景王之崩嫡庶交爭宋衛外附楚亦內侮天獨立成周政教不行天下諸侯无桓文之伯不能致力於京　權柄委于臣手故大夫相率而臣之比之在禮故釋不異辭因變正也

春秋穀梁疏卷第十

春秋穀梁疏卷第十一

定公

唐國子四門助教楊士勛撰

魯世家定公名宋襄公之子昭公之弟以周敬王十一年即位謚法安民大慮曰定　元年　注死在外故　釋曰非正中（終）案桓公之薨於齊與乾侯不異莊公不即位而書正月何解以十八年如齊至即薨薨而當歲即入入而莊公繼位行既殯踰年之禮但以先君弑而后主不忍行即位之禮今昭公前年薨今年喪入定公既殯不居正月之前欲行即位非踰年之始非始非正故未得即位不得比之莊公　注晉執人云云　薄氏駮云仲幾之罪自委之王吏非晉人所執故傳云不正其執人於尊者之所也譏執不譏無所歸晉執曹衛他處並可言歸若晉人執仲幾

于京師復可得言歸于京師若如此論何以通乎解范荅
云晉城成周宋不即後晉為監功之叉主因而執之此自
晉人之事安得委之王吏傳當以執人於尊者之所而不
以歸於王者之有司非言其不可以執晉文公執曹衛之
君各於其國而並不書國者以其歸於京師故也令執仲
幾不書所歸唯舉其地者此晉自治之効若死使歸于京師
于執諸侯同君臣无別也令直執在京師不可言歸此義
猶自未通有乂而然上言城成周序仲幾于會於歸言于
京師其言足誤天王居于狄泉在畿內而別處若上言城
成周下稱晉人執宋仲幾歸于京師俱見執之異處而歸
天子令晉於尊者之側而執人之歸以治于國故春秋不
與其專執地於京師下文此大大其曰人何微之也何以

知大夫有義而後周之稱名大夫相執無稱名之例因此見義明大夫相執不書書則微之見伯討失所故云云非謂大夫相執得見於經經書晋人衛侯歸之於京師與伯執稱人不異異則言侯故曰以晋侯而斥執曹伯惡晋侯也是君臣之別也　注周人至之上　釋曰嬪何而言解喪自外至雖正棺於兩楹之間嬪殯亦然故言西階鄭注禮記以爲殯亦兩楹之間也　傳定之即位不可不察也解定公即位特異常文者欲言繼弑公好卒欲言好卒卒非正終不即入踰年乃至至正月常即位而皆失時時不得同於常禮禮宜異文文書之在夏是有故欲無故兩文並見即位雖同而時義有別理有所見見必有意故不可不察也　注周道至不往　釋曰今定公之世天子之

存唯祭與號安得云尚明解此傳以重況輕陳上世之事
非專今日下成康為未久定公未殯不得即位以臨羣臣
輕于王命王命既不得皆殯指謂王與魯並有喪周人弔
魯魯人不弔既殯君乃奔喪喪服天子之斬哭泣申父重
之情先殯其父後奔天子之喪亦是不奪人之親門外之
治義斷恩門内之治掩义至如伯禽越紼赴金革之重之
不拘此例注凡地至是也言非必百谷至而雨祀之設
本為求雨求雨之意指為祈谷故周頌噫嘻之篇歌春夏而
同盟致於脩雩祀不異故此傳言毛澤未窮人力未竭言
人力之功施於衆種殖種殖之義在于黍黍未聞凡品揔稱
田毛何所據解聖人之於四海不偏一物愛人之情特深
懷抱百姓所恃莫急於食食　天天不降雨加品不育

時澤之来普汎旡私雖非百谷亦沾有澮之潤公田已流遂及之惠彌遠故摠凡品爲毛明天德之道廣列子言山川之毛指謂屮木公羊所論非專禾麥寒凉之地本不種苗鄒衍吹律乃始名生物謂之黍若以此言之公羊所言不毛鄒衍之前當鄭伯與楚語時也又上傳云冬大雨非正也秋亦曰非正也非正是同而問不異及荅之直釋月雩為正則四月龍見常失正固也解成七年冬大雨傳曰冬旡為雩也言用禱禮明禾黍成不須雩失時不二故問同而荅異注當須雨其解也聖人重謝請請必為民民之卒務在於春夏春夏祈谷先嚴其犧牲具其器物謹脩其禮冀精誠有感故一時盡力專心求請不得求請失時時謂孟夏之節是月有雨先種得成茂實後種更生故重其

二時時過以往至於八月九月脩雨之節不言四月非正也故曰是月不雨則无及矣謂八月求雨雩而得之則書雨明有及故也是月雩不必有雨而曰无及者人情之意欲其而得故以兩月請是年不艾則无食指謂九月之雩雩而得雨是年有食雩不得雨則書旱旱則一歲无食故曰是年傳於春秋言月季秋言年年月之情以表遠近深淺之辭也傳請乎應上公　案月令大雩帝此經言大雩文與月令同同祀上帝帝天也而曰上公乂更何取且雩與疇本自不同而引禱辭以證雩何解天子雩上帝諸侯雩上公魯與天子同雩上帝上帝既雩及百辟卿士有益於民者即此傳所謂古之神人通乎陰陽使為民請雨故言請哉請乎應上公天尊不敢指斥故　厲神考異鄦說僖

公三時不雨禱于山川以六過自　又曰方今大旱野无生稼此注所云其禱辭或亦用之故引以明之耳　傳立者不宜立者也　釋曰重發傳何解不日與武宮異故并傳范例云宮廟有三者三者文有詳略詳略見功有輕重丹楹功少故書時刻桷功重故録月范荅薄氏云考宮書丹楹為重是其三文武宮書日范云始築之事然殤安周書謚法肆行勞神曰煬煬宮不日比武宮為輕輕重之例各以類舉此為范例之故以宮言之立廟之例以立言之在乎不疑之中一事而兩屬又有所附故例有四亦得數此同在不宜之中　傳未可以殺而殺舉重可殺而不殺舉輕　釋曰隕霜二文不同書故范特為一例傳嫌獨殺蜀不害余物故以輕重別之菽易長而難殺故以殺之為重

重者殺則輕者死矣輕而不死重者不殺居然可知　二
年　雉門及兩觀災　釋曰解劉向云雉門天子之門而
令魯過制故致天災也　傳作為制度也　釋曰重發傳
何解比灾而更脩嫌與作南門異故發傳以同之灾惡故
尊雉門推灾而遠之令新作美好之事雉門雖不正尊雉
門可以親之　三年　公如晋　書月何解昭公四如晋
兼有疾為五不月公不入晋則无危十三年二十三日乃
復皆不月是其例乃復文承月下不蒙可知昭公即位二
年而脩朝禮無闕而為季氏所譖使不得入公免危懼之
意猶數數朝於晋晋責其緩慢不受其朝公懼而反非必
季氏所譖公有負於晋而心内畏懼故危録之　四年
傳一事至疑也　案傳異地而發疑辭令經言會于召陵侵

楚則疑于前會　闕於後而云至於後會也者後志疑何
解楚當時為吳所困削弱矣諸侯侵之易可得志令一會
之中十有九國衆力之強足以服楚不敢深入淺侵郊竟
則責諸侯之疑居然可曉公疑於楚彊謂无勇故會盟二
文並見魯公外内之疑兩顯　傳此不卒而卒者賢之也
釋曰又云非列土諸侯此何以卒之也天王崩為諸侯
主也書卒不闕其賢而范例云寰内諸侯非列土諸侯非
列土諸侯而書之者賢之也賢之一文義當兩用解上言
不卒而得書卒之意釋下言賢之猶賢不當卒卒之者以
其爲諸侯主明賢之義故得書卒反覆二事皆是爲賢故
例復云賢之不二葬葬之者明亦為賢之而采地比之畿
外諸侯故書葬　注其孝甚大其心甚勇　釋曰子胥之

復讐為君臣之禮失事主之道以匹夫之弱敵千乘之彊非心至孝莫能然也得事父之孝以敬長之道故曰其孝甚大若夫子胥父欲被誅竄身外奔布衣之士而求干列國之君吐弓矢之志无疑之心故曰其心甚勇　傳君不爲匹夫興師　釋曰然則成湯伯之誅葛伯爲殺其餉者武王之殺殷紂稱斮朝涉之脛何以万乘之主為匹夫復仇解湯征葛伯本為不祀之罪罪已灼然然湯所其順辭使其毫民為耕葛伯殺其餉者此由不祀而致禍其如殷紂之罪彼所不盡斮以所不書故武王致天之罰稱斮朝涉知　賢人之心亦有不專為匹夫興師吳子无因諸侯之怨　子胥之情故言不為匹夫興師得其實論也傳稱子胥云虧君之義復父之仇傳文曲直子胥是非谷梁之

意善惡皆為解公羊左氏論難紛然賈逵服　相教
授戴宏何休亦有脣齒之於此傳開端佀同公羊及其結
絢不言子胥之善夫資父事君尊之非異重服之情理宜
共均既以天性之重降以義合之輕故令忠臣出自孝子
孝子不稱忠臣令子胥稱一體之重忽元首之分以父被
誅而痛纏骨髓得耿介之孝失忠乂之臣而忠孝不得並
存傳不善子胥者兩端之間忠臣傷孝子之恩論孝子則
失忠臣之乂春秋科量至理尊君卑臣子胥有罪明矣君
者臣之天天无二日土無二王子胥以藉吳之兵戮楚王
之尸可謂失矣雖得壯士之偏節失純臣之具道傳舉見
其爲不言其義義吳子爲蔡討楚伸中國之心屈夷狄之
意理在可知　傳救大也　夷狄漸進未同於中國狄可

以言救齊解救齊是善事令吳夷狄而夏中國故晉稱子
然未同中夏故不言救雖書救齊而未稱人許夷狄不使
頓備故也令吳既進稱子復書曰救便與中國齊蹤夷華狄
等迹故不與救若書救當言吳子救蔡蔡侯以吳子及楚
人戰于伯舉不直舉救蔡而言吳入楚　六年　傳三家
張也　釋之異辭何也凡城之志皆譏傳於冬城諸及防
解可城言間隙無事理實有譏令不釋恐同彼傳言志城
之中雖得間隙復有畏張侈之患還與皆譏之義同或是
義與可城同也　七年　傳以重辭也　前注云已有二
義令注既云凡言以皆非所宜以是一義而曰二何解楚
執宋公兩君相執傳言以重辭别於凡以令此君而執臣
明以國重不言與二君共例故發例同之二义已見故注

更言凡以起義解以者不以者不止釋此文　八年
傳公而往至志也　釋曰復發傳何解莊二十三年起例
公行有危而書月令公伐齊有危危而書月一時之間再
興兵革危懼之理義例所詳故說以明之　傳非其至之
亡　於經何例當之解經言饑止謂二穀不收芭宣公之
例五谷不收止在當文康健无例應之令因盜而發亡例
經无應之或說非其所以與人謂之亡是梁伯所行也梁
伯受國於天子不能撫其民人而自失之夫國之利器不
可以示人權之可守焉得虛假君貪色好酒耳目不能聽
明上无正長之治大臣背叛以國外奔因若自滅故謂之
亡此可以應其義　九年　傳其不地何也　據何文
而責地解此據獲物有地經言戰于大棘獲宋華元宜蒙

蒙上地故據彼此　傳不目羞也　注況陪臣專之乎恥
甚而不日其地　釋曰下或曰陽虎以解众也還是陪臣
何以異之解上說不目羞明失之為辱得之為榮榮而言
地地是陪臣之所居魯能奪陪臣之得可以明免恥何為
不地夫以千乘之國而受辱於陪臣雖得為榮書地則恥
或曰之義得非魯力也陽虎切國重寶非其所用畏众之
討送納歸君故書而記之　十年　一會之怒三軍自降
若非孔子必以白兩刃喪其瞻核焉敢直視齊侯行法殺戮
故傳以夾谷之會見之矣後世慕其風軌欽其意氣者忽
若如是毛遂之亢楚王藺子之脅秦王俱展一夫之勇不
憚千乘之威亦善忠臣之鯁骨是賢亞聖之義勇　十
一年傳未失其弟也　宋辰以前年出奔離骨肉之義今

歲入邑有叛國之罪失弟之道彰於經文而曰未失何也
解公不能制御彊臣以撫其弟而使二卿脅以外奔故著
暨以表彊辭稱弟以見罪罪在仲石亦可知矣今而入國
兩子之情非辰之意書及以辨尊卑言弟以显無失然則
自陳之力力由二卿入肖之叛專歸仲石故重發例以明
無罪　十二年　注墮非訓取　釋曰釋言墮猶取也取
其訓而曰非者何休難云當言取不言墮實壞耳无取於
訓詁鄭君如此失之今經墮而為義注以公之重而伐小
邑　案例國曰圍今邑而言圍則大都大都則皆是國而
成曰小邑何解經書功名成非小是故言圍公一國之貴重
成三家之大邑邑比於國為細擬公為小比於凡邑則大
矣故書曰圍　十三年　傳叛直叛也　不解入而重發

叛例可解趙鞅自入已邑不從外入入者內弗受也以其
無君命於義不受同書入之非專不受故但釋其叛非實
叛故下書歸明之非叛而書叛書叛非真叛也故重發傳
也　薛弒其君比　不日月何解傳言剽不正其日何然
則庶子為君而被弒則不日而月之傳曰諸侯時卒惡之
宜從此例薛比書時亦其惡也　十四年　傳貴復正也
釋曰從祀先公前有失正之文於後言貴復正今復正
前旡失正之文而曰貴復正何解復正之文雖同義須有
異天王不行禮於魯失正矣今由石上而歸脤美之故曰貴
貴復正也　大蒐于北比蒲　文承秋下注云城莒父云旡
冬者審空　詳然則大蒐在秋秋則常事常事不書書之
者何解昭八年秋蒐于紅傳曰正也正所以譏不正後比

蒲大蒐失禮因此見天子　以十三年大蒐秋事而於
夏行失正至此十四年　正以明前不正也　注无冬
寗所未詳　桓七年云　令不言下何解桓七年
夏有人事而秋冬二時不書後无人事故云下令此上有
秋下有人事有人事而无冬故直云无冬不言下明冬宜
在人事之上也　十五年　傳不敬莫大焉　凡鼠食牛
皆是不敬而曰莫大何解成七年鼷鼠食郊牛角過有司
也改卜牛鼷鼠又食其角歸罪於君皆道其所傳明不敬
之罪小令牛體徧食不敬之罪大也　傳高寢非正也
重發傳何解高者大名嫌是路寢之流故重發明之
傳喪急故以奔言之　奔喪之制日行百里故傳言急所
以申匍匐之情也　注邾滕魯之屬國　釋曰將何據也

解范荅薄氏云屬國非私屬五國爲屬屬有長曹滕二莒世屬服事我故謂之屬　注近則來至書非禮　若如此注意以奔喪爲禮會葬爲非然則王者之喪諸侯會何文證若以會葬非禮何以范例云會葬四案經有三范揔云會葬禮何解傳言奔喪喪急不言非禮可知諸侯自相會葬傳無釋文乃釋天子之會葬云其志重天子之禮又曰在北上明其別于諸侯傳曰周人有罪魯人有喪周人弔魯人不弔周人責魯人曰吾君親之是以知王者之喪諸侯親會之范云四四當爲三古者四三皆積畫字有悞耳

會葬　禮也據釋天子之大夫來會葬言者重天子之禮故范例舉之不謂皆是禮也　傳例葬既有日　重發傳何解頃熊夫人令此人君嬪禮異故發傳以明之且彼言

日中此言日下即彼言而此言乃文並不同釋既不異義體相似　注宣八年　注詳矣范例云克例有六則數何文以克之解鄭伯克段一不克納二雨不克葬日中不克葬各二是謂四通前二爲六也

春秋穀梁疏卷第十一

春秋穀梁疏卷第十二　　哀公

唐國子四門助教楊士勛撰

哀公名蔣定公之子敬王二十六年即位十四年西狩獲麟春秋終矣二十七年薨謚曰哀周書謚法恭仁短折曰哀

元年　注隨久至微也　釋曰僖二十年冬楚人伐隨以來更不見經將是衰微不能自通於盟會故也本爵俱侯者隨在侯爵自僖二十年見經至今俱侯盟更不為貶黜但土地見侵削故微耳昭八年楚師滅陳十一年楚師滅蔡十三年諸侯會于平丘而復陳蔡故經書蔡侯廬歸于蔡陳侯吳歸于陳是有文見復也其許男則定六年鄭游速率師滅許以許男私歸其間更无歸文今許男復見經者明是許男自復　傳此該郊之變而道之也

釋曰郊自正月至于三月郊之時也三卜禮之正凡書郊皆譏范例云書郊有九僖三十一年夏四月四卜郊不從乃免牲猶三望一也宣三年郊牛之口傷改卜牛牛死乃不郊猶三望二也成七年鼷鼠食郊牛角三也襄七年夏四月三卜郊不從乃免牲四也襄十一年夏四月四卜郊不從乃不郊五也定公哀公並有牲變不言所食處不敬莫大二罪不異并爲一物六也定十五年五月郊七也成十七年九月用郊八也及此年四月辛巳郊九也下傳云子之所言至道何也然則據此而言牛有傷損之異卜有遠近之别亦在其明　注於灾變之中又有可善而言者

釋曰郊牛日月展視其觓角而知其傷是展道盡矣即於灾變之中有可善而言者但備灾之道不盡致此天灾

而鼷鼠食角故書以譏之也　注不時之中至可也

釋曰自正月二月三月此三春之月是郊天之正時也若夏四月五月以後皆非郊月如其有郊並書以示譏然則郊是春事也如郊在四月五月之中則是以夏始承春其過差少若郊在九月之中則是以秋末承春其過差多則自五月至八月其間有郊亦以承春遠近為過之深淺也

注鄭嗣至三也　釋曰如嗣之意以十二月下辛卜正月上辛卜為郊之時則於此一辛之上卜不吉以至二卜不吉以至三卜求吉之道三故曰禮也　四卜非禮也

釋曰僖三十一年以十二月下新卜正月上辛不從則以正月下辛卜正月上辛不從則以正月下辛卜二月上辛不從則以二月下辛卜三月上辛所三十禮也今以三月

以前不吉更以三月下辛卜四月上辛則謂四卜郊非禮也成十年以四月以前四卜不吉又於四月下辛卜五月上辛則五卜彊也非禮可禮鄭嗣之意亦以一辛之中卜至於四五月也一辛之上三卜禮也四卜五卜非禮也然則四卜云非禮五卜變文云彊者四卜雖失猶去禮近容有過失故以非禮言之若是五卜則是知其不可而彊爲之去禮為遠故以彊釋之　傳子之所言云云　釋曰上言子者弟子問谷梁之辭而曰我者是弟子述谷梁子自我之意我以六月者是谷梁子荅前弟子之辭我以六月上甲始尤牲尤具猶簡釋未繫之待十朔然後始繫養若六月簡訖以後有變則七月八月九月上甲皆可簡擇故傳云六月上甲始庀牲明自六月為始七月八九月皆可簡牲

自十月繫之有變則改卜卜取吉者十一月十二月亦然
是繫之三月也故傳云十月上甲始繫牲十一月十二月
牲雖有變不道也是也待正月然後言牲之變周正是郊
時之正如其牛有變然後言之二月三月亦然重妨郊故
也　此乃所以該郊　釋曰自六上甲始庀牲十月如繫
牲自十二月以前牲雖有變不道自正月然後云牲之變
乃不郊卜免牲吉與不吉如此之類皆是該備郊事言牲
變之道盡悉也　傳子不至正月卜郊何也　注三月至
二月也　釋曰既言十二月下辛卜正月上辛正月下辛
卜二月上辛二月下辛卜三月上辛怪經不書此十二月
正月二月之卜郊故問之也二年　注蒯聵欲殺母靈
公廢之　釋曰案定公十四年左傳云衛侯為夫人南子

召宋朝會于洮大子蒯聵獻盂齊過宋野野人歌之曰既定爾婁豬盍歸吳艾豭大子羞之謂戲陽速曰從我而朝少君我顧乃殺之速曰諾乃朝夫人夫人見大子大子三雇速不進夫人見其色啼而走曰蒯聵將殺余公執其手以登台大子奔宋是也云當稱其子某者公羊云君在稱世子君薨稱子某既葬稱子踰年稱君范取公羊為說也云如齊子糾也者莊九年九月齊人取子糾殺之是也云鄭世子忽反正有明文者桓十五年鄭世子忽復歸于鄭傳曰反正也然則鄭世子忽反正春秋不非稱世子則蒯聵稱世子亦是反正不非之之限是其子糾稱子某但以公子之中為貴謂是右媵之子非世子與鄭忽蒯聵不同如熙之意則蒯聵合立而輒拒父非是也　傳信父而辭至

王父也　釋曰輒先受王父之命而有國今若以國與父則是申父也若申父而辭王父則是不尊父也何者使父有違命之愆故其不受使父无違之失則尊父也　注齊景至書篡　下六年齊陽生入于齊齊陳乞弒其君荼傳曰陽生正荼不正不正則其曰君何也荼雖不正已受命矣此與莊九年齊小白入于齊同文則稱名書者皆一辭也然則蒯聵若已被廢則當與陽生同文則稱衛蒯聵入戚不得自稱曩日世子　注矛楯之喻也　釋曰莊子云楚人有賣矛及楯者見人來買矛即謂之曰此矛何不徹見人來買楯則又謂之曰此楯無何能徹者買人曰還將爾矛刺爾若何然則矛楯各自言之則皆善矣若相對言之則必有不善者矣喻令傳文輒若申父而辭王父是不受父

則蒯聵為父為不善若以鄭忽稱世子以明反正則輒之拒父為醜行亦是非不可並故云矛楯之異也　注七月葬至故也　釋曰隱五年夏四月葬衛桓公傳曰月葬故也月葬憂危最甚不得備禮葬也此月葬故知有故也彼注云有祝吁之難故此則蒯聵之亂故也　三年　注戚繫至于衛　諸侯有國大夫有邑大夫之邑國君之有若言圍衛戚繫衛便是子之而圍父也故以國夏為首也注遠祖至不言及　凡言及者皆以尊及卑等者不言及若自祖言之則有昭穆昭尊可以及穆若自我言之則遠祖親盡尊卑如一故不言及桼左氏孔子在陳聞火曰其桓僖乎言庙應毀而不毀故天灾也　四年　注以上至類是　祝吁弒其君完隱四年經文祝吁稱國稱名及言

弑其君者是下道言弑其君謂此死者是其臣之君而臣
弑之故以君臣上下道道之令不稱名氏直稱盜盜是微
賤稱賤不稱弑其君者則此死者非是盜者之君則盜疏
外無君是不在人倫上下之序　傳内其君至道也
釋曰由尊内其君而疏外弑者故不與疏外者得弑君之
道道之故抑之爲盜若鄭伯姬原實被臣弑其書自卒抑
臣爲夷狄之民亦是也　傳辟中至以襲利　釋曰辟中
國之正道而行同夷狄不以禮義爲主而儌幸以求名利
若齊豹之類故抑而書盜者也襲掩也謂求利之心不以
禮义爲意也　注殷都于亳　釋曰書序云湯始居亳從
先王居孔注云契父帝嚳都亳湯自商丘迁焉故曰從先
王居又盤庚五迁將治亳殷是都亳之事　注立亳至之

外　釋曰周禮建國之神位左宗廟右社稷彼謂天子諸
侯之爲社稷霜露者周禮又云決陰事于簿社明不與衆
同處明一在西一在東故左氏曰間於兩社爲公室輔是
也　冬十有至蔡昭公　釋曰諸侯時葬正也今書月者
以明危亦見不塟不書葬者春秋賊不討則不書葬若不
書葬則見賊不討今書葬者使若是者實是盜微賤小人
雖討訖不足録　五年　注閏月至不數　釋曰而經書
閏月塟者年若數閏則十三月故書閏月葬以見喪事亦
不數之例　六年　注不日茶不正也　釋曰隱三年八
月庚辰宋公和卒傳云諸侯日卒正也茶不日是不正也
注茶弒至立乃後殺　釋曰案上六年經書齊陽生入于
齊陳乞殺其君茶傳云陽生入而弒其君以陳乞主之何

也不以陽生君荼也是荼殺之後陽生乃立案莊九年夏
齊小白入于齊九月齊人取子糾殺之是小白立乃後殺
也義適互相足者莊九年傳云小白入于齊惡之則陽生
入于齊亦惡之此年傳云陽生其以國氏取國于荼也則
小白以其國于亦取國于子糾也　推之適互相足故
鄭云子糾宜立而小白簒之　于子糾則將誰乎是也
七年　注夫諸侯至歸于京師　釋曰僖二十八年晉
人執衛侯歸之于京師傳云歸之于京師緩辭也斷在京
師也是衛侯有罪晉文伯者執之爾以歸于京師之事
注故曰入以表惡之　案范例云僖二十八年三月丙午
晉侯入曹執曹伯畀宋人傳曰入者内弗受也日入惡入
者也次惡則月據此日入于彼例同故知日入以表惡之

春秋有臨天下之言焉　此下三者皆以外内辭別之王者則以海内之辭言之即僖二十八年天王守于河陽傳曰全天下之行也是也王者微弱則以外辭言之即僖二十四年天王出居于鄭傳曰失天下也是也　有臨一國之言焉　此亦據内外言之若宣九年　晉侯卒于扈傳曰其地于外也其日未踰竟也既以内外显地及日是以一國書之　有臨一家之言焉　釋曰家謂采地若文元年毛伯來錫公命定四年劉卷卒其毛劉皆采邑名大夫氏采為家大夫稱家是以一年言之也　其言來者有外魯之辭焉　釋曰凡言來非己内有從外始來即邾庶其以漆閭丘來奔是也今書秦侯以邾子益來而文與庶其正同文切直者有外魯侯之辭焉爾　八年　益之名失

國也　釋曰經書歸邾邾子益于邾則益得國而云失國者邾益不能死難而從執辱於王法而言理當絶位魯歸之不得无罪故書益之名以明失國之惡也　九年　傳以師而易取鄭病矣　釋曰凡書取皆易辭今以鄭師之重而令宋以易得之辭言之鄭之將師微弱矣亡君之咎本由君不任其才故爲鄭國病惡　十年注傳例曰惡事不致　釋曰襄十年公會晉侯云云齊世子光會吴于祖傳曰會夷狄不致惡事不致是也云傳曰不致則无以事之成也者案莊公五年公會齊人　惠王數迎天王之命也六年公至自伐衛傳曰惡事不敢此其致何也不致則無用見公之惡事之成也是也此年二月公會吴伐齊之喪是惡事宜不致而致亦以見公惡事之成也

十一年　注與華元同義　宣二年宋元帥師及鄭公子歸生帥師戰于大棘宋師敗績獲宋華元傳曰或者不與之辭也言盡其衆以救其將也以三軍敵華元華元雖獲不病也是與此同　十二年　用田賦　釋曰古者一丘方十六井一百四十四夫軍賦之法因其田財通出馬一足牛三頭今乃分別其田及家財各令出此賦則一丘之田出馬二足牛六頭故曰用田賦言所宜用也謂之田賦者古者但賦其家財今又計田貢故曰田賦也　注古者九夫至為丘　釋曰案周禮小司徒職九夫為井四井為邑四邑為丘四丘為甸然則井方一里九夫邑方二里四井三十六夫丘方四里十六井百四十四夫甸方八里六十四井五百七十六夫軍賦之法丘出馬一足牛三頭甸出

長轂一乘馬四匹牛十二頭甲士三人走卒七十二人此甸八里據實出賦者言之其畔各加一里治溝洫者司馬法城方十里出革車一乘者通計治溝洫者言之其実一也令指解經云用田賦者是丘之賦者故云九夫為井十六井為丘也然經只云用田賦而知使丘民者以成元年作丘甲則知此用田賦亦令一丘之民用田賦也宣十五年初稅畝則計畝以稅所稅畝十畝稅其一此則通公田十一而不畝計故彼言稅而此言賦也　注丘賦至

凡丘賦　　民之所受公田十一及私家之才通出馬一匹牛三頭以一丘之民共出此賦以家扎為主

賦令又分別其所受公田各令出此馬牛之賦故曰用田賦也論曰哀公云二吾猶不足如之何其徹也即此

田財並賦之驗也　傳古者公田什一用田賦非正也

釋曰凡授農田皆私田百畝公田十畝但由　私田皆公家所受故揔曰公田什一則以田之十一及家才而出馬牛之賦是其正也今魯用田與才並出馬牛之賦非正也　注古者五口之家受田百畝周禮小司徒云　家七人可任也者家三人鄭注云一家男女七人之上則授之上地所養者衆也男女五人以下則授之下地所養者寡也正以六七五爲率者有夫有婦然後爲家自二人以至於九人爲九等則六七五爲其中也出老者一人其余彊弱相半此其大數也然則周禮七人五人六人三等范唯言吾之家受田百畝指七等言之其實六人七人亦受田百畝與周禮不異也爲官田廿十畝者受田百畝之外又

受十畝以為公田是為私得其十而官稅其一故漢書食貨志井方一里是九夫八家共之各受私田百畝公田十畝是為八家八十畝余二十畝為廬舍則家得二畝半凡家受田一百十二畝半也今傳言公田十一者舉其全數據出稅言之周謂之徹殷謂之助夏謂之貢其實一也者出孟子文彼云滕文公問為國於孟子孟子對曰夏后氏五十而貢殷人七十而助周人百畝而徹其實皆十一是也然三代受畝悉皆十一則夫皆一百一十畝夏后政寬計其五十畝而貢五畝於公經文計 畝而助七畝於公周人盡計一百一十畝而徹 一而稅為天下通法故詩云徹田為 之也皆 孟子云重之於堯舜大傑小傑輕之於堯輕大貊小貊什一而稅

頌聲作則什一而稅堯舜亦然是爲通法　貢其堯舜則
古者公田什一是堯舜之時　一之法　不與先
儒同其先儒皆云十一者　至書
薨　釋曰莊二十二年薨我小君文姜經　氏卒又稱
夫人准弋氏應書薨不言者知諱同　夫人薨者
夫人之道從母儀即桓公夫人文姜一莊公夫人哀姜
二僖公之母成風三文之公母聲姜四宣公之母頃熊四
成公之母穆姜六成公之嫡夫人齊姜七襄公之母定姒
八昭公之母歸氏九哀公之母定姒十八　隱
公夫人從夫之讓昭公夫人諱同姓二者皆　也
十三年　取易辭至病矣　釋曰上九年宋皇瑗取鄭師
今鄭罕達取宋師其事入嫌宋爲人所　非之　故重

發以同之　者外
為主焉爾令言公會晉侯則晉為主　之
既以晉便為主會无二尊故言及以卑吳也則與桓二年
范二年會盟言及別內外也尊卑言及上下　亦同何
者外吳而尊晉則內外序上下也　注文身至之
釋曰荊楊之域厥土塗泥人多游泳故刻　以為
之文與之同類以辟其害　傳云欲魯之　而
釋曰魯是守文之國禮儀之鄉晉執　為諸侯
盟故吳子欲因之而冠必欲因之者　欲從中
國而被殺于操吳子亦恐臣子不肯變從故因魯之禮因
晉之權然後羣臣嚮化以魯禮天下　晉權諸侯所服
故也是以明堂　以為有道　天下資禮樂

焉是也云　玄冠　注襲之
冠端玄端　繹曰吳俗祝髮文身衣皮卉服不能衣冠相
襲今請加冠于首身服玄端則衣冠上下共相掩襲故云
襲衣也詩云其軍三單彼毛傳云三單相　謂軍前
為相襲則此衣冠上下亦為相襲也　謂玄端衣
端幅制之即諸侯視朝之服也諸侯視朝之服緇布衣
素積裳緇玄一也　注藉謂貢獻　貢謂土地所有以獻
于成周若禹貢齒革羽毛納賜大龜惟金三品之類著於
藉錄以為常職故知藉謂貢獻也　注累累猶數數
東方之國吳為最大吳舉小國必從會吳于　于　繒
于黃池之類積其善事故言數數致小國以合乎中國也
傳　稱　稱也　池前　稱

須多裝白紙一頁要寫此跋於上

穀梁單疏舊本出明人所鈔，卷首有無名氏題記云：李中麓鈔
本自文公起至哀公止。何屺山雖據以改正汲古閣本，尚有遺
漏，但脫誤之多，正須善擇云云。原本有朱筆校改處，未知即中麓
手蹟否。咸豐丁巳夏，恬裕齋主人居邑中張氏傳錄一本，倩余對校
一遍。凡用朱筆者，仍依舊校；此新本抄誤者，以墨筆改之。凡抄白書
本恆多魚豕之謬，傳錄一次，則誤一次，非精心校勘，且滿紙迷謬，不
可句讀。此種書尤不可誤之，則不能勝校。余於酷暑中揮汗校之，悉心參校
十字不放過，庶幾無遺憾矣。玉芝書之，勝於注疏本，別詳恬裕齋

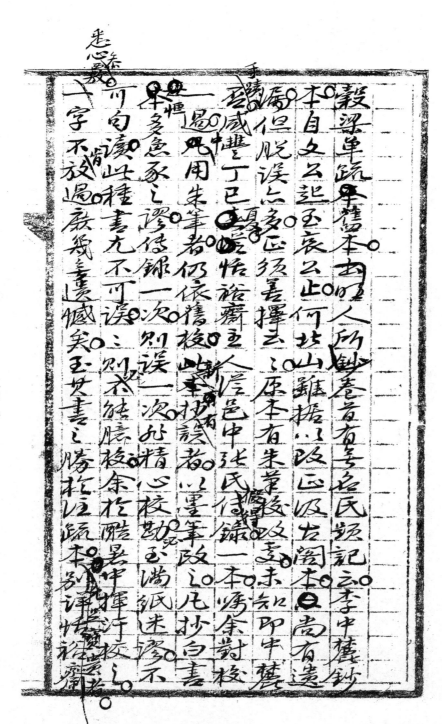

藏書記中。不復贅述。立秋後四日松雲居士書於鐵琴銅劒樓下